INGRID

I Janina
am agor drws i'r ddinas

INGRID

RHIANNON IFANS

Diolch i holl staff y Lolfa am eu hynawsedd
a'u proffesiynoldeb wrth gyhoeddi'r gwaith hwn.

Argraffiad cyntaf: 2019

© Hawlfraint Rhiannon Ifans a'r Lolfa Cyf., 2019

Dymuna'r cyhoeddwyr gydnabod cymorth ariannol
Cyngor Llyfrau Cymru.

Llun y clawr: Teresa Jenellen
Cynllun y clawr: Olwen Fowler

Rhif Llyfr Rhyngwladol: 978 1 78461 780 6

Cyhoeddwyd ac argraffwyd yng Nghymru
ar ran Llys Eisteddfod Genedlaethol Cymru gan
Y Lolfa Cyf., Talybont, Ceredigion SY24 5HE
gwefan www.ylolfa.com
e-bost ylolfa@ylolfa.com
ffôn 01970 832 304
ffacs 832 782

Does na'r un Monwysyn go-iawn yn dod o Langefni – nac o Niwbwrch na Llannerch-y-medd na nunlla arall. Mae Monwysyn go-iawn yn dod o Shir Fôn. Ac os nad ydach chi'n dod o Shir Fôn waeth i chi ddod o'r lleuad ddim.

I'r gwrthwyneb mae pethau yma. Does na neb sy'n dod o Stuttgart go-iawn yn dod o Stuttgart. Maen nhw'n dod o Bad Cannstatt a Botnang, Bopser a Büsnau. Unwaith ewch chi heibio i Zuffenhausen a Zazenhausen, waeth i chi fod yn Werddon.

Powlen o fewn cylch o goedwigoedd a gwinllannoedd ydi Stuttgart, a'r rheini o fewn cylch o feysydd parcio i ddwy a thair mil o geir, a bysus dowch-gynta-medrwch-chi gwancus yn aros i gludo'r teithwyr i fol y ddinas fawr.

INGRID

PICIODD INGRID I'R ARDD i dorri cabatsien. Roedd hi'n ddychryn o oer, ac asgwrn ci chlun yn boen byw rhwng y gwynt main a'r eira'n pluo'n ysgafn o gwmpas ei phen. Ers dyddiau roedd yr awyr dywyll fel petai'n dal ei hanadl, yn gyndyn o ryddhau mwy na sgeintiad o eira mân. Llithrodd Ingrid y llafn yn isel drwy'r gwddw. Dyna dy ddiwedd di, gabatsien fach. Rhoddodd y pen ym mhoced lydan ei barclod. Gydag ymdrech gref y gwrthododd Ingrid y syniad o orwedd yn gynnes o dan y pridd, a'i chychwyn hi ar rafft o ddail cabaits i grombil y byd.

'Ti'n cofio bod Klaus yn dod draw heddiw,' meddai Gerhard dros ei wy wedi'i ferwi, 'i helpu i docio'r gwrych sydd wedi sigo i'r ffordd, cyn inni gael dirwy.' Pliciodd blisgyn ail wy heb sylwi arni'n syllu'n syn arno.

'Klaus?'

'Klaus. Mae'n byw ym mhen y stryd.'

'Chlywais i rioed amdano fo.'

Gobeithiai Ingrid mai Klaus fyddai'n dal y gwellaif, neu fyddai wybod pa siâp fyddai ar y berth. Dau ddyn yn tin-droi hefo'r gwaith yn lle ei wneud o. Siarad mawr am drin gwrychoedd, tywydd bygythiol, a chwerthin am ben y tŵls llegach. Dyna'i hyd a'i led. Un peth oedd yn siŵr, fyddai hi ddim yn loetran yn y tŷ i wylio'r ddau yn gwneud dim. Newidiodd Ingrid ei hesgidiau diraen am fŵts cryf. Cipiodd ei chôt a'i botymu wrth groesi'r rhiniog. Allai hi ddim cael at yr awyr iach yn ddigon sydyn. Ie, heddiw amdani.

Wrth ddod allan i'r stryd gwelodd fod pobol y camerâu drud yn dal i alw ar eu hald. Ewrop mewn wythnos, Stuttgart mewn awr. Amser i weld dau beth, tŵr yr orsaf a Sgwâr y Palas – tri, a bod amser i redeg draw at y Tŷ Opera – cyn brysio nôl i'r bws a'r ffordd lydan i Heidelberg. Dim ond ambell belican yn yr anialwch oedd ar ôl i anadlu enaid y ddinas: y bryn porffor, y fforestydd yn esgyrn eira, S-Class, Porsche, grisiau cerrig, cadach molchi, cadach llawr, cadach llestri, llyfr cynilion, Hegel, Tomic, Schiller, Klinsmann, coffi cryf fel trwyth parddu, cwrw a sosej, bwrdeiswyr cefnsyth, marchnadoedd *Filderkraut*, tusŵau blodau, ailgylchu, ailgylchu, ailgylchu, Swabiaid Twrcaidd, Swabiaid Eidalaidd, Swabiaid brodorol, anthroposoffwyr, gwallt wedi'i blethu, torth wedi'i phlethu, *Maultaschen*, fanila, cnau castan o bwcedi tân, gwinllannau, hen swyddi, swyddi newydd mewn hen ddinas, dinas sydd â phopeth o bwys ynddi, neb yn aros i edrych, a phawb yn cwyno'i fyd.

Roedd Ingrid ar daith drwy'r ddinas ryfeddol hon – neu'r rhan orau ohoni. O'i chartref yn Heslach i lawr yn y dyffryn, byddai'n sawru pob eiliad nes deuai i ben ei siwrnai ymhen hir a hwyr.

Gyrrodd yr awel fain ias drwy ei gwaed, fel boreau oer ei phlentyndod gyda'i rhieni, brodyr, chwiorydd, neiniau, teidiau, ffrindiau a chymdogion. Cymaint o bobol. Cymaint o blant. Hi'n ddim mwy na mymryn yn ei dillad ysgol am y tro cyntaf. Mymryn eofn, a choler ei chrys yn rhwbio'i gên, yn gwbwl anystyriol o anferthedd yr eiliad.

'Dyna'r olwg olaf welwn ni ar Ingrid ni,' meddai ei mam o'r drws. 'Croesi trothwy'r ysgol fydd ei diwedd hi.' Ac mi roedd hi'n iawn. Câi Ingrid bleser anghyffredin yn yr ysgol, a Chatholigiaeth gyffredin gartref.

Yn y gwyliau, ei chyfrifoldeb hi oedd sgwrio'r bàth a'r tŷ bach cyn cinio, ac yn y pnawn chwynnu'r patsh radish, torri cabaits, torri saij, chwynnu a thorri, chwynnu a thorri, nes bod yr haul yn codi cawod goch o smotiau Vim dolurus ar ei dwylo. Yn yr ysgol câi stori antur am Villeroy yn Wallerfangen yn cyfarfod â Boch yn Mettlach ac yn sefydlu cwmni. Pan fyddai hi'n priodi byddai'n mynnu cael un o doiledau V&B i'w sgwrio, ac yn mynnu cyflogi garddwr fel na fyddai hi byth eto'n gorfod teimlo'r haul yn llosgi cemegion rhad i'w dwylo.

Roedd hi wastad yn gwybod y byddai'n priodi. Un o'i hoff ddifyrion pan oedd yn ei harddegau oedd ymarfer ei henw priod i weld p'un oedd yn canu orau – Ingrid Schneider, Ingrid von Adelshausen, Ingrid Luther? Teiliwr, uchelwr, neu ddiwinydd? Waeth p'un, ond roedd yn bwysig fod ei henw'n canu. Taenodd siôl dros ei phen a gwenu arni'i hun yn y drych. Byddai, byddai'n siŵr o briodi.

ß

Edrychai'n annwyl iawn, hen wraig gartrefol glên yn cerdded y stryd i'r siop ac yn ôl. Mor hawdd taflu llwch i lygad, yn enwedig pan nad ydi pobol yn sylwi fel roedden nhw ers talwm. Yn ei het a'i hen gôt, a dipyn o gythraul yn ei cham, brysiodd Ingrid ar ei thaith.

Roedd hi wedi hen ddarfod breuddwydio am wisgoedd ecsotig neu wyliau yr ochr draw i'r byd. Gartref mae rhywun hapusaf, yn ei farclod. A chôt bob tywydd iddi gael mynd a dod ar duth. Mae'n gwisgo het oherwydd yr oerfel. Mae'n mynd i'w phen os nad ydi hi'n gwisgo het. Mae hen bobol i fod i gadw'u pen yn gynnes. Fuodd hi'n lwcus cael het newydd ar ei phen blwydd. Ymfalchïai ynddi, ie er mwyn rhodresa, ond hefyd oherwydd y teimlad cynnes a gâi tu mewn, iddi gael anrheg yn ei henaint. Chafodd hi fawr pan oedd hi'n ifanc. Un grand, wedi'i gwneud â llaw, het hela Dyrolaidd o ffelt gwyrdd a band dau liw arni, felŵr oren a du, a thlysau arian, ruban a phlu.

Mae'n twtio'i gwallt o dan ei chantel dan chwerthin.

ß

Mae'r parti drosodd, Papa yn hanner cant ers dwyawr, y teulu i gyd yn llyffantian ar y soffa a finna unwaith eto

1 2

yn dal y lliain sychu llestri. Mae'r bwrdd yn gwegian dan bwysau platiau a dysglau mawr a bach, ffliwtiau Sekt a gwydrau *espresso* yn ymladd am eu lle â'r powlenni pwdin a'r cawgiau cawl. Digon i godi'r felan. Lle mae'r weddw gefnog o Illinois, rŵan mod i ei hangen hi? Yr ymennydd tu ôl i'r peiriant golchi llestri? O am greadigrwydd Josephine Cochrane, yn lle'r sbaniel tamp yma sy'n edrych arna i o blygion y tywel llestri. O Josephine yn wir.

Y geiriau mwyaf tynghedus erioed ydi 'olcha i, sycha di'. Wnes i erioed lawn sylweddoli bod Mama yn ddynes mor benderfynol. Roedd hi ar ei thraed a'i brat amdani cyn imi orffen llyncu'r Emmentaler. 'Sgwria i'r gegin a'r stof, clira di'r llestri.' Pa mor hir fydd hynny'n ei gymryd? Mae 'clirio' yn golygu clirio, golchi, sychu, a chadw. Mae gen i gynlluniau, Mama!

Mae'r sbaniel ar y lliain sychu yn edrych yn ddigon penisel. Dwi at fy mhenelin mewn trochion, yn gweithio ar y darnau pasta sydd hanner ffordd i mewn a hanner ffordd allan o'r rhidyll. Mae Bruno druan eisoes wedi llyfu'r sosbenni a'r cyllyll a ffyrc yn sych. Fy hun, dwi'n un sy'n hoffi cael gwared ar y padelli a'r rhidyllau cyn taclo'r gwydr a'r llestri gorau. I'r cenel, sbaniel bach. Lluchiais ef i'r peiriant golchi. Roedd hi'n amser am y lliain mwslin.

Daeth Ingrid â'r tegell i'r berw, dal y gwydrau fesul un dros y stêm, a'u gloywi un ar y tro â'r cadach meddal. Gosododd ben y gwydryn yng nghrud ei llaw, a'i bolisio'n daer â'r llall. Awr wedi mynd heibio, ac mae'n ganol pnawn. Cyfle am Sekt bach sydyn yn y Breuninger.

Roedd y tywydd wedi troi'n fudur. Cododd Ingrid goler ei chôt yn erbyn y gwynt. Trodd o'r stryd i gysgod y coed, a dechrau ei ffordd ar hyd y llwybr lleidiog a'i byllau o ddŵr llwyd yn neidio'n y glaw. Dim caffi na siop lyfrau na dim oll iddi gael mochel. Dim ond sŵn ei mam yn ei phen, yn rhygnu cyngor ar jario *Sauerkraut*, rhinweddau cig coch a chig baedd gwyllt, 'a chym di'r ofol â cholli pwysau' gan fod merched tenau'n cael 'trafferthion'.

'Mama, mae'n amser codi o'r hen rigol. Torri cwys newydd. Mae'r dyddiau pan oedd merched dibriod yn gwirfoddoli i gael babis hefo Ariaid yr SS ar ben.'

'Ingrid!'

Pa mor hir allai hi ddal y straen o fyw gartref, y mawredd a wyddai.

ß

Ym mar UHU yng nghalon yr hen ddinas, y bar mwyaf ei gyfrinachau yn Stuttgart, mae ffrindiau newydd i'w cyfarfod, pleser i'w gael, a'r byd tu allan i'w anghofio. Mae'r perchennog trwsiadus yn gwerthfawrogi adloniant o safon. Darlleniadau o sylwedd. Datganiadau o werth. Arias operatig ei wraig Hermione yw uchafbwynt ei noson. Os bydd dathliad, pen blwydd crwn neu briodas go bwysig, gwahoddir cynrychiolwyr anrhydeddus dinas Stuttgart at y byrddau. Ar noson waith, dim ond ar air cwsmer cyson y caiff newyddian ddod i'r cwmni. Does neb yn poeni am arian. Mewn dyddiau o newid economaidd a phoced ddofn, hapusrwydd pennaf dyn yw ei gwagio. Barnwyr, erlynwyr, cyfreithwyr a'r heddlu – i gyd wedi tyngu llw cyfrinachedd, yma rhwng muriau heddychlon UHU. Ac ar y lloriau uwchben, y proffesiwn hynaf yn y byd yn pydru yn ei flaen.

Roedd y bar yn glyd a diddos. Gweledigaeth y Bòs oedd UHU – noson opera, noson sigârs, nosweithiau o ddawnsio diog, rhywbeth at ddant pawb. Doedd diffyg lle yn poeni dim ar y Bòs. Wagner oedd ei hoff gyfansoddwr, ac felly doedd hi'n ddim syndod fod llu o broblemau ymarferol yn codi i'w wyneb yn gyson. Dim ond eu sgubo o'r neilltu fel clêr oedd yn dipyn o niwsans a wnâi'r Bòs. Os nad oedd lle i gôr, byddai chwechawd yn taro i'r dim.

'Pwy sy'n ffansïo canu dipyn o Richard Wagner, "Chor der Pilger" o *Tannhäuser*, fel chwechawd?' holodd i lawr ffôn y Tŷ Opera. Canu chwechawd yn UHU. Roedd bechgyn Staatsoper Stuttgart yn baglu dros ei gilydd i fachu'r rhannau.

Ar fraich Hans, Hans Ackermann, y daeth Ingrid a Mrs Ackermann i far UHU y noson honno.

'Grüss Gott!' Aeth y Bòs â nhw at y bwrdd blaen, yn union wrth droed y llwyfan isel. Dim ond cael a chael oedd hi. Nhw oedd yr olaf i gyrraedd, a'r goleuadau'n gwanhau a'r sioe yn agor. Clywai Ingrid nodau darn rhyfeddol hyfryd. Mozart?

Mozart trist – fy hoff fath o Mozart. 'Lacrimosa'. 'Ar y dydd hwnnw fe fydd dagrau.' Dydd dial Duw. Bwa'r ffidil a'r fiola'n dynwared crio a dagrau'r bore. Marciau llawn i'r Bòs am ei gwneud hi eto. Ac i griw'r Staatsoper wrth gwrs. Ymchwydd a lleihad. Dyna'r allwedd. A'r teimlad o ddinistr drwyddo draw. Eironig iawn gan nad oedd Mozart yn ddyn crefyddol. Beth ddaeth i'w ben i greu darn am ddigofaint Duw? Arian. Mae arian yn siarad pob iaith, yn siarad ym mhob clust, a fi fyddai'r olaf i weld bai ar Mozart yn yr union le yma. Yn UHU.

Cynhyrfai'r nodau lif ei gwaed drwy'i gwythiennau, drwy'i chalon. Gwaed ar ei chluniau. Gwaed ar ei dwylo. Cymaint o bethau ofnadwy fyddai'n digwydd ar y dydd mawr. Cordiau lleddf, gwrthdrawol yn cyfleu pwysau a dychryn ac ofnadwyaeth. Ac wedyn y jôc. Gorffen yn y cywair llon â'r gair 'Amen'. Ail i chdi! I'r holl bobol grefyddol sy'n eistedd dan fwâu'r eglwysi bob Sul. Oherwydd natur watwarus y clo, un 'Amen' yn gwneud ffyliaid o bawb.

Cariad, cariad, cariad yw enaid athrylith, meddai Mozart, nid mesur aruchel o ddeallusrwydd neu ddychymyg, na'r ddau gyda'i gilydd, fel mae pawb arall yn ei gredu. Fe ddof i ben yn iawn heb fod yn athrylith, ond nid heb gael bod yn gariad.

Roedd yn rhyddhad pan orffennodd y darn, a chael troi

at y bar. 'Beth gymrwch chi, deulu Ackermann?'

'Na, fy rownd i ydi hon,' mynnodd Herr A.

'Pink Lady,' meddwn i.

'Ac i minnau,' meddai ei wraig. 'Dim byd gwell na ffrothiog a phinc ar noson fel heno.' Aeth Frau Ackermann i bowdro'i thrwyn.

'Dach chi ddim yn arfer dod yma,' meddai llais yng nghlust Ingrid.

'Mae'n wlad rydd a dwi dros un ar hugain.' Celwydd.

'Dim angen neidio i ngwddw i.' Symudodd y llais a'i berchennog golygus yn ei flaen. Rowndiodd y byrddau bron i gyd cyn dal prae.

Pan gyrhaeddodd y jin roedd Ingrid yn barod amdano. 'Beth sy nesaf ar y rhaglen?'

'Goethe.'

'Dwi byth yn darllen barddoniaeth.'

'Oes na rywun?'

'Hans!' meddai ei wraig.

'Wel, enwa'r gyfrol ddiwethaf o farddoniaeth i ti ei darllen.'

'Hysh! Mae'n dechrau.'

Ond chafwyd dim barddoniaeth. Criw'r Staatsoper ddaeth yn ôl i'r llwyfan. Wagner y tro hwn. Cân am daith edifeirwch y pererinion ar eu ffordd i Rufain i dderbyn gollyngdod, yn llawn dyheadau nobl yr edifeiriol, yn canu clodydd Duw am faddau dyled eu pechod.

Ni allai Ingrid lai nag ildio i'r miwsig, a'i phen yn

fentrus agos at ysgwydd Herr Ackermann oedd yn symud braidd i'r miwsig. Trugaredd a heddwch tragwyddol. Am byth bythoedd. Dyna mae'r gân yn ei addo. Byddai'n braf teimlo trugaredd a heddwch, petai ddim ond am bum munud.

Wel, gallai ddechrau mynd i'r eglwys eto. Yno fe gâi ymwared, neu dynnu nyth cacwn am ei phen. Yn ei theulu hi doedd dim byd yn syml. Byddai ei mam yn gwaredu, a'i thad yn gwallgofi. Roedd wedi colli'i limpin â hi unwaith o'r blaen pan adawodd hi'r eglwys; doedd Ingrid ddim am fentro ail bwl. Aeth yn dân a brwmstan rhyngddynt ar gyfrif Marpingen. Marpingen – pwy feddyliai? Cyn lleied â hynny. Drychiolaethau Marïaidd meddai hi, ymddangosiadau o'r Forwyn meddai yntau. Fyddai un 'Papa! Es tut mir wirklich leid! Ich liebe dich!' sydyn yn ddigon i setlo'u gwahaniaethau? Go brin. Byddai'n gofyn mwy nag ymddiheuriad a 'Caru chdi' bach sydyn. Ac nid dyna fyddai am ei gael p'un bynnag. Doedd ysgwyd llaw â'i holl deulu a chydnabod – a syrthio dan eu llywodraeth unwaith yn rhagor – ddim ar yr agenda.

Roedd ganddi freuddwyd. Yn y freuddwyd fawr fe fyddai dyn a'i law dan ei chefn yn ei gostwng i'r dŵr iasoer ac fe fyddai tyrfa luosog yn canu a chanu a chanu a'i chalon yn toddi a'r mynydd iâ caled oedd ei chraidd yn dadmer fesul deigryn. Dyna'i breuddwyd. Dim mwy o drueni. Dim un diwrnod arall yn y diffeithwch.

Byddai sgyrsiau'n llifo'n ddiddarfod, a'r ladis gwridog yn pefrio i lygad y nos.

ß

Herciai Ingrid yn ei blaen i lawr y stryd. Mynd o glun i glun, miga-moga. Roedd Papa yn gerddwr. Coesau cryf fel tarw ganddo. Doedd dim allai ei ddal yn ôl. Ffens maen nhw'n galw hon? Fel tasa dyn dall wedi'i chodi dros nos. Roedd fy nain, Oma, yn dywyll. Gweld dim. Dim angen sbectol haul. Dim angen sbectol. Dim byd yn bachu dros fy nghlustia inna chwaith. Nac yn gorwedd dros fy nhrwyn i. Gorwedd fysa'n dda. Dwi'n licio gorwedd.

Bron â chyrraedd siop y gornel. Drwy'r drws agored gwelai Ingrid yr Indiad bach clên yn gwenu ar y poteli gwin wrth iddo lanw'r silff a siarad â chwsmer run ffordd. Cododd law arno. Roedd popeth amdano mor fychan, ei law, ei droed, ei sgidiau sgleiniog. Fel sgidiau dawnsio. Dawnsio'n ara bach. Lola Lola.

Roedd sbel ers hynny. Dawnsio'n ara. *Ich küsse Ihre Hand, Madame.* Madame Gerard.

ß

Mae gen i ddwylo hardd, bysedd hir, cledrau cul, a ffordd fach ddeniadol o ddal cwpan, meddai. Dyna'n union a'i denodd ataf, y tro cyntaf hwnnw. Tynnodd gadair.

'Gerhard Lessing,' meddai.

'*Hallo*, Gerhard Lessing.'

Dathliad i anrhydeddu gwaith Otto Dix oedd yr achlysur, a Gerhard Lessing oedd y gŵr oedd yn mynd i wneud hynny. Cyrhaeddodd cyn pump ar gyfer chwech o'r gloch. Fi sylwodd arno gyntaf, yn sefyll tu allan i'r drws yn gweiddi a chnocio, ond y Curadur gafodd y pleser o'i groesawu i mewn. Anferth o gês mawr du yn dod i mewn o'i flaen i ddal ei siwt. Gofynnodd am le i newid, ond gwrthododd fynd i'r tŷ bach am fod y lle'n rhy gyfyng.

'Gormod o freichiau a phenelinoedd. Mae wedi bod yn broblem i mi rioed.'

'Beth am y swyddfa gefn?'

'I'r dim.'

Dyn tal, tal, tenau, tenau, yn gwisgo sbectol â rhimyn aur, het a jîns. Bu'n llercian rhwng y tŷ bach a'r swyddfa am ugain munud os bu wrthi eiliad, a'r Curadur yn methu'n glir â dod o hyd iddo i rannu Sekt ag o. Silvaner, y mwyaf poblogaidd dan haul y wlad, oedd ar y ddiodlen, petai wedi dod i'w yfed. Ond ddaru o ddim.

Yn ei amser ei hun, daeth allan i'r cyntedd. Roedd bodiau ei sgidiau'n sgleinio fel swllt. Byddai unrhyw fam yn ymorchestu ynddyn nhw. Siwt dywyll, crys wedi gweld gwell dyddiau, a thei blodeuog budur. Er hynny, roedd yn gweddu iddo, ac edrychai'n drawiadol. Brysiodd dwy neu dair i sefyll yn gylch o'i gwmpas. Dim ond y Curadur oedd o ddiddordeb iddo ef.

'Rydan ni wedi cyfarfod o'r blaen,' meddai wrthi. Safai'n agos, agos, bron nad oedd ei benelin o dan ei chesail.

'Do.'

'Dwi'n cofio'n iawn. Yn yr Haus der Musik.'

'Mae gennych chi gof da.'

'Oes, at rai pethau.'

'Gymrwch chi Sekt?'

'Roeddech chi'n tynnu lluniau ar ran perthynas. Wnewch chi anfon set ataf? Dyma ngherdyn i.' Roedd yn ei law yn barod i'w gymell arni. Rhif ffôn a chwbwl. O wel.

Ymateb llugoer fu i'r noson ddathlu oni bai am gyfraniad Gerhard Lessing. Nid am fod y dyn mawr yn arbenigo ar Otto Dix oedd â'i waith ynghrog ar waliau'r oriel; ac yn reit siŵr nid am fod Herr Lessing yn siaradwr huawdl achos ddywedodd o fawr ddim; ond mi roedd o'n gwneud cyfrif o'r testun ac o'r rhai oedd yn gwrando; ac O oedd, mi oedd o'n tynnu llygad.

Da iawn, Otto Dix, dyn â chysylltiadau lleol yn gwneud yn dda a phopeth felna, ond mae celf fodern yn codi pwys arna i. Well gen i o lawer gael egwyl yn y caffi ar y llawr uchaf yn magu fy nodiadau, neu'n stelcian yn y siop lyfrau lawr grisiau i aros i bawb orffen craffu ar y lluniau o'r ochr yma ac o'r ochr draw, a'u sbectol ar eu trwyn, a'u sbectol am eu gwallt; pob un yn ceisio osgoi'r Curadur eiddgar, ddrwg ei hwyliau, sy'n dynn ar eu sodlau, yn cuddio tu ôl i golofnau, ac yn eu dilyn o lech i lwyn drwy'r gyda'r nos. Mae celf fodern ychydig yn eithafol, gallu bod.

Yn y caffi oeddwn i pan ddaeth y noson i ben. Gwelais y tei blodeuog, godre llydan yn cerdded tuag ataf.

'Gerhard Lessing,' meddai.

Hufen iâ siocled, a gwres diwedd dydd yn ei doddi dros ein dwylo. Llyfu mysedd, un ar y tro.

ß

'Petai Gerhard wedi mynd am ddynes ar raddfa fwy, oedd â mwy o archwaeth, oedd â rhywbeth wedi hanner-dadfachu amdani ac esgyrn cluniau fedrai esgor ar blant, byddai mwy o drefn ar bethau.'

Wrth iddi gael sbec ar y papur, ynghanol yr arogl cabaits a'r finag piclo a'r sibrydion, mae llygaid Ingrid yn culhau tipyn bach, ei gwefusau'n teneuo'r mymryn lleiaf, a'i chalon yn cyrlio at i mewn fel pâr o sanau wedi'u troi'n belen.

'Gwraig fawr. Yfed siampên yn y Breuninger wrth fwrdd uchel a lliain gwyn drosto am dri y pnawn – fedrai hi ddim troi ei thrwyn ddim uwch petai'n trio.'

Ie'r sibrydion. Pan ddeuai'r teulu at ei gilydd, fel y gwnaent yn amlach nag oedd yn ddim lles, roedd merched â dwylo coch craciog yn gwisgo sgertiau rhy hir neu ry fyr yn bragaldian ar y soffa am fanteision geni babi gartref ac anfanteision opioids i ladd poen. A'r dynion yn dadlau hyd at waed ynghylch sut i ddysgu babis mewn clwt i ddarllen. Roedd y syniad y gallem ninnau fod felly ryw ddiwrnod yn un ofnadwy, cytunodd Gerhard a finnau, a bu'n rhaid i ni'n dau addo y naill i'r llall na fydden ni byth yn bod mor wirion.

Gwellodd y dwylo, altrodd y ffasiwn, tyfodd y plant cyn i ni gael cyfle i frygawthan. Gawson ni'r cyngor drutaf, cyflymaf. Dim loetran mewn ciwbicls yn aros i weld cyw-ddoctor i ni.

'Rhy falch i gymryd plentyn amddifad.'

'Neu blentyn maeth.'

'Neu blentyn mabwysiad.'

Dychmygwch fagu babi a dim sicrwydd y gallech ei gadw. Drwyn yn drwyn un funud, hyd braich y nesaf. Roedd siampên yn falm chwerw oedd am amser byr yn torri'r syched am blentyn, ond y swigod dros amser yn troi'n ddannedd llygod ffyrnig, ac yn naddu'i pherfedd.

ß

Cerddodd Ingrid yn ei blaen drwy'r eira. Disgynnai'n dawel ar ei het gan ychwanegu at y gleiniau ar ei chantel.

Pwy oedd hwnna'n dod allan o'r tŷ? Ei brawd? Rhaid ei fod wedi dod o'r ysgol yn gynnar. Teimlodd yn ei phoced am ddada. Roedd un darn o jeli oren yn y llwch yng ngwaelod ei phoced. Brathodd ef yn ddau hanner a rhoi un hanner i'r hogyn bach oedd yn rhedeg tuag ati, a bwyta'r llall ei hun.

Edrychodd y fam yn gas ar Ingrid, gweiddi arni, gweiddi ar Max bach a smacio'i law nes ei fod o'r diwedd yn gollwng y sglyfath da-da ar lawr.

ß

'Dwi'n cofio un tro pan oeddwn i o fewn *hyn* i gael fy lladd!' Adroddai Ingrid bob stori'n ddramatig, a'i harddwch yn toddi calonnau. Mor eithriadol o hardd. 'Dwi'n cofio mrawd yn…' Siglo chwerthin. Gallai ddechrau ar stori o ddim; tra'i bod yn eistedd ar ben wal a chefn ei sodlau'n pwyo'r cerrig deuai rhywbeth i'w chof am y rhyfeddodau a welodd ar risiau cerrig y ddinas pan oedd hi'n blentyn bach. Wrth gasglu mafon hwyr a'i dwylo rhwng y dail byddai haul y bore'n gwneud patrymau ac yn dwyn i gof ryw stori hud o'i gorffennol, y crafiadau bach i'w dau arddwrn, y *ddau*, y fath *boen* a achoswyd gan y drain bychan *bach* wrth iddi gasglu â'i *dwy law* a phob yn ail air yn cael ei bwysleisio erbyn diwedd *enbydus* y stori.

Drwy lwc a damwain, neu efallai nage, penodwyd Ingrid i swydd gyda'r papur lleol i lunio colofn ar y fenyw fodern a cholofn arall ar sêr-ddewiniaeth. Deuai pobol ati yn y stryd gyda rhyw hanner straeon am eu ffawd. 'Roedd fy horosgop yn deud ei bod yn hen bryd i mi wneud rhywbeth drosof fy hun, felly fe ffoniais i Hugo y funud honno.' Neu Monika neu Florian. Ac agorai bywyd newydd o'u blaenau.

Lluniai Ingrid erthyglau steilish ar sut i fyw. 'Y bobol ma

sy'n meddwl y gallan nhw fyw'n hapus drwy'r haf heb eillio'r blew oddi ar fodiau eu traed. Brawychus. Dillad wedi'u teilwra? Nonsens. Does dim angen i neb wisgo dillad wedi'u teilwra y dyddiau hyn. Sglaffiwch lond padell o *Currywurst* i ginio a chodwch ddau *Pretzel* o'r stondin stryd i baned dri.' Dyna ei neges. Cadw meddwl agored a gwrthod 'meddyliau hen daid', hen syniadau darfodedig o'r oes o'r blaen. Ni yw'r genhedlaeth newydd. Gadewch i'r glaw fwrw am eich pen. Does dim fel dŵr glaw Mai i gryfhau'r golwg. Pethau felly fyddai hi'n eu sgwennu yn y papur, ac fe fyddai pobol yn tyrru i'w prynu, a'u darllen hefo'u brecwast.

Roedd trosiant cyflym o ran staff golygyddol a wnaeth Ingrid chwaith ddim bwrw gwreiddiau yno. Aeth adref un noson, taflu popeth allan o hen storfa o stafell oedd yn wastraff gofod, gosod bwrdd a chadair o dan y ffenest, a sefydlu ei hun yn awdur rhyngwladol. Os oedd hynny'n ddigon da i Günter Grass roedd yn ddigon da iddi hi. Gallai lunio *Die Blechtrommel* arall. Oskar Matzerath: lloerigyn o gorrach o'i greadigaeth ei hun, teyrn bach paranöig, a churwr obsesiynol y drwm. Pa mor anodd allai hi fod, gwneud popeth mor gymhleth fel nad oedd modd i neb ei ddeall p'un bynnag. Byddai'n siŵr o ennill y Nobel. Buddsoddodd mewn papur a beiro. Roedd wedi gweld pobol yn taro nodiadau ar bapur pan oedd hi'n teithio ar y trên, pobol oedd yn edrych fel awduron yn chwilio am yr awen, a'u llyfrau nodiadau i mewn ac allan o'r bag bob tro y deuai cymeriad posib i eistedd gyferbyn â nhw. Sgidiau coch, gwallt piws, math yna o beth.

Eisteddodd wrth ei desg am chwech o'r gloch i'r eiliad. Cyn saith byddai wedi teipio pum can gair nes bod y bwrdd yn ratlan. Doedd ganddi ddim amynedd â phobol ddi-drefn, ddigynllun. Pum can gair yr awr, wyth awr i greu stori fer o sylwedd, 2000 D-Mark mewn cylchgrawn safonol. Y tric fyddai gwerthu'r un stori droeon, dros y byd i gyd. Roedd ganddi Saesneg da a gallai gyfieithu cystal â neb. Byddai'r gwledydd Saesneg eu hiaith yn cythru amdani.

Rhuthrai geiriau drwy'i phen fel cawod ddŵr. P'un ddylai ddewis? Ym mha drefn? Roedd desgeidiau a droriau a llyfrgelloedd helaethion o ddewis. Ac roedd angen mwy o dyndroadau arni, rensio'r emosiwn, pinsio'r prif gymeriad yn ei din, symud dipyn arno. Doedd ganddi ddim amser i drafferthu hefo golygfeydd a rwdlian am goed a blodau. Ias oedd pobol ei angen, nes bod asgwrn eu cefn yn sgrytian. Dyn mewn tŷ teras yn mynd am therapi sgrechian-yn-y-bàth, roedd na lawer o bobol yn gwneud pethau felna, ac roedd twtsh o seicolojics bob amser yn talu ffordd. Dwyn a lladd run fath. Roedd dipyn o drafael i'w gael o ladrad a mwrdwr dim ond rhaflo rhywfaint arno o dipyn i beth.

'Mae gen i neges ffôn i ti, Ingrid. Ti'n gwrando?'

Doedd hi ddim. Roedd hi yn America ar drywydd y cowboi Patrick Murphy, lleidr gwartheg ar baith Arizona. Clywai Ingrid lais bach o bell, fel pry yn pigo cefn ei phen.

Roedd hi angen ansoddair, un grymus, cyhyrog, praff. Clywodd y llais pryfetaidd eto, yn cosi'n nes at ganol ei phenglog, ac roedd elfen o frys yn ei oslef. Teimlai Ingrid ei hun yn cael ei llusgo dros foroedd a thonnau myfyrdod, o'r dyfnderoedd oedd yn galw ar ddyfnderoedd, i eistedd unwaith eto o dan ei ffenest sbâr.

'Be sy?' pigodd.

'Neges ffôn.'

'Neges ffôn?' Beth oedd hi eisiau â neges ffôn a Pat Murphy wedi'i orddiwes ar y preri?

Edrychodd ar ei gŵr fel petai heb ei weld ers mis. Petai'n gymeriad yn ei stori beth fyddai'n ei ddweud amdano? Ei enw yw Gerhard, Gerhard Peter Lessing, ond doedd o ddim yn credu mewn enwau canol – rhy ymhongar. Mae o ddwy flynedd yn hŷn na fi ond rhag ofn fod pawb yn gwybod hynny wna i ddim nodi ei oed. Mae ganddo groen glân, Norwyaidd. Mae'n bwyta wy wedi'i ferwi i frecwast bob bore ac mae'n gwisgo pyjamas coch i fynd i'w wely'r nos. Mae'n eu plygu bob bore, ac mae popeth sy'n dod hefo plygu'i byjamas yn wir amdano. Doedd dim lle iddo yn ei stori bresennol, roedd hynny'n siŵr.

'Dy fam.'

'Be mae hi isio rŵan?'

'Rhywbeth am gerddorion canol oed yn America. Well i ti ei ffonio'n ôl.'

Dim peryg. Byddai Mama yn siŵr o chwythu a hisian am rywbeth, dyna'i natur. Pwy oedd hi'n ei nabod yn

Mericia p'un bynnag? Trodd Ingrid yn ôl at ei ffenest a dal ei llun ynddi. Doedd hithau ddim yn haeddu lle yn ei stori chwaith, a'i llygaid llawn a'i chôl wag a dim un o'i chynlluniau wedi dod i fwcwl. Gallai'r byd a'i frawd gynllunio a gobeithio ond mewn un pnawn gallai'r cyfan fynd yn dân siafins. Dyrnaid o halen ar falwoden ddu a fyddai dim ar ôl ohoni ond glafoer waeth i ble yn yr ardd roedd hi'n bwriadu crwydro.

Roedd Pat yn dal ar y paith a'i geffyl yn pwyo'r llawr ers meitin. Clywai Ingrid draed Gerhard yn pitran-patran i lawr y grisiau a gwyddai fod ganddi awran dda cyn noswylio. Byddai un yn siŵr o gael ei grogi cyn nos, Patrick Murphy neu'r bronco. Roedd hi wedi mynd yn reit ffond o Pat ac ni fedrai oddef meddwl amdano'n siglo rhwng dau gyflwr ar sibed. Gwell iddo gael dianc, debyg. Gallai glywed ei chwe throedfedd yn chwerthin am ei phen nes bod conglau'r stydi'n diasbedain. Gallai ddiflannu i wyll y paith, os oedd gwyll yn y fath le dinadman ym mhen draw pella'r byd lle roedd bytheiaid yn udo ar y sêr.

'Fyddet ti'n malio amdana i taswn i'n diflannu, Gerhard-Peter-Lessing-heb-y-Peter? Fyddet ti'n chwilio amdana i?' Da liegt der Hund begraben. Dyna wreiddyn y mater.

ß

Gwyddai Ingrid ar ôl sgwennu ei stori gyntaf fod miliwn a

hanner o ystrydebau'n gwasgu ar ei gwynt. Heb gael gwared ar y rheini doedd dim gobaith cael stori wedi'i derbyn. Wnaeth hi erioed deimlo 'galwad' i sgwennu a doedd hi'n credu dim mewn awen na chyfriniaeth lenyddol, ac am y disgrifiadau o ddawn sgwennu yn rhodd odidog sy'n troi'n rhwymedigaeth, roedd hi'n dechrau colli'i limpin o'r sillaf gyntaf. Wedi dweud hynny, cyfaddefai fod angen mymryn o rywbeth na fedrai roi ei bys arno cyn troi stori dda o'r stabal.

Tua diwedd yr haf, a Gerhard ac Ingrid yn dal ar wyliau-aros-gartref, sgidiodd fan bost felen yn benderfynol i stop o flaen y tŷ. Daeth cnawd lliw haul allan ohoni, coes a chlun a braich ac ysgwydd, pen yn gwisgo cap pêl-fas lliw caneri, yn un symudiad hylifol ifanc. Taflwyd llythyrau a biliau i bob bocs post yn y stryd cyn i Ingrid droi'r allwedd a chodi ei llythyr unig o lawr y blwch. Roedd cip yn ddigon i ddweud mai llythyr oddi wrth *Neue Sirene* oedd hwn, a chyfeiriad yr anfonwr yn bowld ar sêl yr amlen. Rhwygodd hi yn y fan a'r lle er gwaethaf gwg Gerhard. Un arall o'r pethau *verboten*, darllen llythyr yn gyhoeddus, hyd yn oed allan ar eich lawnt eich hun yng nghanol y blodau. Ond fedrai Ingrid ddim aros. Roedd yn rhaid iddi gael gwybod. Ni allai ei llygaid ddirnad yr ysgrifen. Bu'n rhaid i Gerhard sefyll dros ei hysgwydd a chusanu ei gwar er mwyn iddi ddeall. Roedd gwahoddiad ar waelod y papur iddi anfon stori arall yng nghyflawnder yr amser.

Mae'n beryg ysgwyd cig amrwd o flaen adar rheibus, maen nhw'n debyg o daro.

ß

Deng mlynedd o briodas a dim i'w ddangos. Sibrydodd Sabine yn y siop trin gwallt y dylwn weddïo nawgwaith ar y Forwyn â'r ddwy ddysgl ddagrau – wnaeth hi erioed siomi neb. A wir, y funud yr adroddais i'r *novena* yn y rŵm ffrynt am naw diwrnod yn rhes, fe ddaeth hi i'r adwy. A dyna, dyna lle roedd Felix. Gyda sêl bendith y Forwyn Ddagrau, sut gallai fod sail i'r sibrydion?

Ond fe wnes i ddiflannu am sbel fach cyn i'r Forwyn ymyrryd, i Napoli i olwg Monte Vesuvio a Pompeii, a galw ar y Santes Maria Francesca am wyrth. Maria, y santes mae merched y byd yn troi ati pan fydd yr aelwyd yn wag, pob un yn ei thro yn mynd i'w chartref, eistedd mewn hen gadair freichiau dreuliedig a charthen frau wedi'i thaflu drosti, a disgwyl rhyfeddod. Sylwi ar y cardiau pinc a glas o bob cwr o'r byd yn diolch i'r Santes Maria Francesca am ei rhodd o fywyd, a cheisio anwybyddu'r rhes hir o bererinion gobeithiol a lanwai'r grisiau serth i'w fflat ger stryd Speranzella. Ambell ferch fain yn ennill ei gornest ag eiddigedd, ond dim ond ambell un.

Eisteddais yn y gadair siabi.

'Ydych chi'n briod?' sibrydodd y Chwaer Maria Giuliana, mor dawel, dawel. Cyffyrddodd â fy mrest a fy mol â chrair oedd yn cynnwys darn o asgwrn cefn a chudyn o wallt y Santes Maria Francesca.

Mae'r lleian yn gweddïo, y fflam yn llosgi'n wan ac yn sïan fel sidan gwyn, a'r dyrfa ar y grisiau'n fud.

Mae'r Chwaer Maria yn dangos llun o Almaenes fach wythnos oed imi, a cherdyn diolch pinc.

Gallech anfon eich cardigan orau i eistedd ar y gadair esmwyth a chael yr un gwasanaeth. Doedd dim rhaid i mi ddiflannu wedi'r cyfan.

ß

Felix. Gwyn ar wyn. Croen gwelw, a blew amrant fel siwgwr eisin, wedi'i lapio mewn blanced o sidan gwyn a les fain am ei hymylon. Dan y gwynder a'r les, bron nad oedd yn dryloyw. Syllai Ingrid ar ei wythiennau, a'u dilyn dros ei arddyrnau at blyg ei benelin ac i fyny hyd ei gesail, a synhwyro'r gwaed oedd yn byrlymu drwyddynt. Byddai'n ei oglais dan ei gesail, ac yn creu rhigymau am fodiau ei draed, am fysedd ei law a rhoi siglad bach i bob un nes cyrraedd y bys bach.

Gerllaw, syllai Gerhard ar y ddau berson a garai fwyaf yn y byd a theimlai anabledd yn gymysg â'i orfoledd.

'Wnes i erioed feddwl y byddai'r fath beth yn bosib.'

Chwarddodd Ingrid o'i bol. 'Mae popeth da yn werth aros amdano. Ddaru ni aros, a dyma ni.'

ß

Car oedd nesaf ar ei rhestr siopa, i gario'r un bach a chario Gerhard run ffordd. Câi Gerhard wahoddiadau i agor arddangosfeydd ymhellach o gartref, yn aml tu allan i'r ddinas belled â München, Zürich a Frankfurt, a rhwng y torfeydd oedd ar y trenau'n hwyr y nos, a gorfod cerdded o'r orsaf i'r oriel yn y glaw nes bod godreon ei drywsusau'n drochfa, rhwng un peth a'r llall penderfynodd Ingrid eu bod angen car. Dechreuodd Gerhard edrych yn y colofnau ceir ail-law. Cartref a theulu a'i char ei hun o'r diwedd. Dyna y'i magwyd hi i'w chwennych.

Gwyliai Felix â llygad barcud. Fe'i gwyliai'n ymarfer ei lawysgrifen, i gael 's' i wynebu'r ffordd gywir a 'b' i beidio edrych fel 'd', cymaint o lythrennau i'w hymarfer a'u meistroli. Digwyddodd daro arno un bore yn eistedd ar droed y grisiau a'i lyfr ddwy ris yn uwch, yn ceisio datrys problem ei feiro. Sut oedd ei pherswadio i sgwennu? Roedd pedair blynedd o ofid yng nglas ei lygaid. O ble daeth y fath faich gofid i un mor ifanc, un na welodd awr o drwbwl erioed? Edrychodd i fyny ati ar dro'r grisiau hefo llygaid ei dad.

Pan darodd chwiw'r beiciau modur yr ysgol leol, fe newidiodd Felix. Un ar bymtheg oed ac yn saim du drosto. Dim sôn amdano gyda'r nos pan oedd angen llanw llinellau ei lyfr gwaith ar gyfer drannoeth.

'Ddaw dim ohonot ti, Felix Lessing!'

'Mama, dwi'n seren yn barod!'

Roedd y chwilen feics wedi cael gafael ac yn lledu fel clefyd drwy bentrefi ymyl y ddinas.

'Glywaist ti beth ddeudodd o, Gerhard? Glywaist ti? Mae *merched* yn reidio'r pethau dieflig yma!'

Cyn iddo gael clec i'w glun ar gyrban pafin, yn sydyn iawn un diwrnod roedd Felix wedi cael digon ar y seimiach ar ei ddwylo. Dechreuodd molchi a newid ei grys. A chael marciau lipstic ar ei glust.

Clywai Ingrid sŵn dŵr yn rhedeg i'r gawod, ac yna draed Felix yn drybowndian i lawr y grisiau. Byddai'n siŵr o dorri'i wddw un diwrnod. Lluchiodd ei ddillad budur i gyfeiriad y peiriant golchi.

'Mama – wnest ti ddim aros am fy nillad i!'

'Roedd y peiriant yn llawn. Fe wna i ail olch.'

'Na, dim ots. Dim brys.'

Anghofio wnes i, tasa raid iddo gael gwybod. Mae gen i ryw hen wayw yn 'y mhen sy'n gwneud i mi anghofio. Roeddwn i'n arfer medru cael ei wared o hefo te gwyrdd, a hyd yn ddiweddar hefo dwy aspirin. Mae miliynau yn eu llyncu, pa beryg fedar fod iddyn nhw? Lle maen nhw hefyd? Mi gymra i dair arall.

ß

Noson fawr heno. Llestri gorau allan, cyllyll a ffyrc yn sgleinio, dim hen farciau dŵr wedi sychu arnyn nhw. Ffyrc pwdin er mwyn gwneud argraff dda.

Peth od ydi cloch drws yn canu, mae'n gwneud i mi deimlo'n nerfus er mod i'n gwybod yn iawn pwy sy'n debygol o fod yna. Y tro hwn dwi'n gwybod mewn egwyddor pwy i'w ddisgwyl, ond ddim yn gwybod yn y manylion. Mewn egwyddor: cariad Felix, peth od i'w glywed ar fy nghlust, cariad fy unig blentyn. Yn y manylion: pwy ar y ddaear all hi fod?

'Gerhard! Maen nhw yma!'

Roedd Gerhard i fod i agor y drws i'w fab. A ddigwyddodd peth felly o'r blaen? Ni allai gofio. Syniad Ingrid oedd hwn, er mwyn rhoi ymdeimlad o achlysur i'r noson. Faint o achlysur fyddai cael Felix yn defnyddio'i allwedd ei hun i ddod i'r tŷ? Faint o sbloet fyddai hynny?

Mae pawb yn dandlwn Ingrid pan mae'n cael syniadau amgen. Ildio'n ddigwyno i'w mympwyon sydd orau, mae'n gwneud bywyd yn fwy cyfforddus heb wneud dim ond y mymryn lleiaf o ymdrech. Beth allai fod yn haws na lluchio'r gingam coch i'r fasged olch, dod â chrys gwyn wedi'i frodio â pheunod bach *turquoise* allan o'r cwpwrdd, ac mae pawb ar ei ennill. Teimlai Gerhard fel Eidalwr o'r Riviera di Levante a'i glogwyni geirwon a'i gildraethau *turquoise*; gallai weld pentrefi pysgota'r Cinque Terre yn glir o flaen ei lygaid. Ond rhywbeth ar gyfer yr haf fyddai hynny. Am y tro, safai'n ufudd ochr yn ochr â'i wraig syfrdanol hardd i ddisgwyl – beth?

Ar ganiad y gloch rhwygodd Gerhard y drws ar agor, gorchymyn i'r ddau ddod i'r tŷ, rhuo'i groeso a'i foddhad eu bod wedi gallu dod i swper, hawlio'u dwy law ar y tro i'w magu yn ei ddwylo mawr ei hun, a mynnu cymryd siacedi a sgidiau i'w cadw yn y cwpwrdd-cyntedd. Roedd ei arddyrnau a chefn ei law yn frychni haul, a'i frest, hynny oedd i'w weld ohoni'n drwch o flew lliw golau leuad. Dyma'r dyn roedd Ingrid wedi syrthio mewn cariad ag ef, a dyma'r dyn y byddai Viktoria yn syrthio mewn cariad ag ef heno.

Viktoria oedd ei henw, fe wyddai Gerhard gymaint â hynny, ond ni wyddai ddim rhagor amdani. Arlliw o acen Americanaidd? On'd oedd pawb yn siarad ag acen Americanaidd y dyddiau hyn? Beth oedd yn bod ar y byd?

Rhoddodd wydraid o win Eidalaidd yn ei llaw a'i hannog at y bwrdd, at y platiau melon a *prosciutto*, y cydbwysedd perffaith o siwgwr a halen oedd heno'n cael ei weini ag *aïoli*, siytni mango a phwdin gwaed.

'Dwi'n addo bwyta'r pwdin gwaed gan fod yma bobol ddieithr. Guten Appetit!'

Roedd llais Gerhard rai rhiciau'n is nag arfer ar y raddfa desibelau, a Viktoria wedi'i chyfareddu. Ond doedd hi ddim am gael ei galw'n 'bobol ddieithr' a hithau wedi darllen ei adolygiadau ar bob arddangosfa oedd wedi'i chynnal yn Stuttgart dros y blynyddoedd diwethaf. Roedd yn teimlo'i fod yn ffrind iddi, cystal â bod yn berthynas gwaed.

Roedd Ingrid, ar ôl pwyso a mesur am ddyddiau, wedi

coginio dau ddewis – hwyaden a'r croen wedi crimpio, neu leden lefn wedi'i grilio, yn syth o'r harbwr y bore hwnnw a'i rhuthro draw dros hanner gwlad erbyn te.

'Mae'r llysiau i gyd yn dod o'r ardd orau'n y byd,' broliodd Gerhard.

Dewisodd Felix a'r merched hwyaden. 'Dwi'n mynd am y dewis iach, lleden a dim saws i ddad-wneud sgileffeithiau'r pwdin gwaed,' meddai gŵr mwyaf golygus Baden-Württemberg, Ewrop benbaladr, oedd yn dal i edrych fel yr edrychai pan aeth ag Ingrid i gyfarfod â'i rieni gyntaf, a'i wallt yn ei lygad a neb yn gallu credu ei fod yn ddigon hen i gael cariad.

'Mae Felix yn deud eich bod chi wedi cyfarfod drwy'r gwaith.'

Sylwodd ar Felix yn gwenu, cystal â dweud bod y Gestapo'n barod i daro.

'Ddaru ni gyfarfod am y tro cyntaf flynyddoedd mawr yn ôl, ond wnaeth yr un ohonon ni argraff ar y llall. Roedden ni'n dau yng Ngherddorfa Symffoni Ieuenctid Stuttgart. Ydych chi'n chwarae, Frau Lessing?'

'Yn wael iawn, mae arna i ofn.'

'Fyddwn i wedi hoffi mynd i goleg cerdd,' meddai Gerhard o rywle, 'ond un o'r barbariaid oeddwn i. Gwyddonydd.'

Gwridodd Viktoria. Oedd dau Gerhard Lessing? Mae'n rhaid ei bod wedi camddeall. Gwaith pwy oedden nhw wedi bod yn ei ddarllen yn uchel wrth y bwrdd brecwast?

'Meddyg wedi colli ei ffordd, ond wedi dod o hyd i lwybr amgen.' Trodd at Ingrid. 'Welais i bowlen yn llawn mafon ar ymyl y ddreser?'

Gorfodwyd Ingrid i godi a morol am bwdin. Teimlai ei choesau'n gwegian mwyaf sydyn a'i phen yn troi, ar ddau wydryn bach o win. Gallai wneud â jin, roedd yn ei siwtio'n well.

'Dwi'n cofio pan oeddwn i'n blentyn...'

'O na, Mama!'

'Dim ond deud...'

'Na, dim heno. Dan ni'n gorfod ei symud hi rŵan, wir. Ti'n cofio ein bod ni wedi prynu tocynnau i gyngerdd yn y Liederhalle – mae'n dechrau mewn hanner awr. Dim ond ei gwneud hi wnawn ni.'

'Diolch yn fawr, Frau Lessing, am swper hyfryd iawn. Diolch, Herr Lessing.'

'Gerhard. Ac roedd yn bleser cael cwrdd.'

Cusanu gruddiau, gwisgo sodlau, taflu siôl dros ysgwydd, ac roedd y tŷ'n dawel unwaith eto a Herr Lessing, yn bennaf, yn falch o'i lwc, ac yn canu clodydd Felix am llgadu hogan mor ddymunol.

'Diolch am ddewis y lleden a'm harbed i rhag colli wyneb, Gerhard. Wna i mo'r un camgymeriad eto, wir.'

'A-a. Y pysgod.'

'Penderfyniad gwirion. O'n i'n trio'n rhy galed ac yn dangos fy hun. O'n i'n *siŵr* y byddai hi'n mynd am y pysgod, cyn sicred â bod bara mewn torth.'

Estynnodd am ei llaw. 'Dim ots, cyn belled â mod i'n cael yr hwyaden sy'n oeri'n y grefi i ginio fory.'

Byddai'n rhaid i Ingrid ffonio Karin i roi adroddiad ar y noson. Roedd hi'n rhy hwyr i daro draw er mai dim ond ym mhen y stryd roedd hi'n byw. Byddai'n ei ffonio oddi ar y soffa, pan oedd hi wedi cael gorffwys bach.

ß

'Bore da, Ingrid! Bore braf!'

'Gen i dipyn o gur yn yr haul yma.'

'O-o. Ond wnaiff o'm para fawr – yr haul dwi'n feddwl.'

'Na'r cur, gobeithio.'

'Na'r cur. Braf gweld y fisitors.'

'Dach chi'n meddwl? Maen nhw'n mynd yn wirionach bob dydd.'

'Dim ond eu bod nhw'n gwario!'

'Newydd basio gwesty'r Althoff. Mi ddaeth na gar allan o'r maes parcio tywyll na sydd ganddyn nhw dan y ddaear, un o'r pethau mawr crand ma sy'n rhedeg ar y gwynt a dim to arno fo, ac mi roedd na gi yn eistedd ar y sedd gefn, ci iawn a hwnnw'n symud, a sbectol haul am ei llgada, ffrâm cregyn crwbanod iddi, yn sbio allan drwy'r ffenest. Dros ymyl y drws felna.' Gwthiodd Ingrid ei phen ymlaen yn bowld.

'Mam wen! Ingrid, ydach chi'n siŵr?'

'Sicred â mod i'n sefyll yn fama. Sbio dros ymyl y drws felna.'

Un fach fain oedd Katja, a chroen fel perlau ganddi. Roedd hi'n gweithio ar ddydd Sadwrn yn y farchnad gabaits yn Fildern; bwyd y dyn tlawd ydi cabaits meddai ei mam, ei hachubiaeth pan oedd angen goroesi gaeaf caled. Wrth i Katja blygu i godi stwmp strae o'r palmant gallai Ingrid weld congl tatŵ yn plymio i lawr i fwa ei dillad isaf. Fe'i hatgoffwyd o fwa siâp almwn y sbectol.

'I be mae ci angen sbectol haul dach chi'n meddwl?'

'I arbed drafft i'w llgada? Os ydio'n teithio mewn car.'

'Neu i'w warchod o rhag gweld pethau sy'n ddim lles i neb eu gweld.'

'Siŵr o fod, Ingrid. Well i mi fynd rŵan. Cadwch y tân i losgi!'

'Lle ydach chi'n gweithio heddiw, Katja?'

'Tŵr fflatiau Asemwald.'

'Lle ofnadwy. Angen dipyn o fôn braich arnach chi'n fanno. Pobol yn gwneud stomp a meddwl dim am ei glirio fo. Ydi'n wir nad oes na system awyru yna?'

'Wir pob gair.'

'Rhad arnach chi.'

'*Rhaid* i mi fynd, Ingrid. Tschüss!'

Codwyd y fflatiau yn gartrefi i deuluoedd ar ôl y rhyfel. Ond rŵan? Crwydrodd Ingrid draw yn ei dychymyg at y clwstwr coed ar y Fildern lle torsythai'r tŵr fflatiau, mor amlwg â'r dydd. Mae dynes a phantiau o dan ei llygaid yn camu allan o'r tŷ doctor yno ac yn llusgo'i ffordd adra i gael tamaid o ginio. Mae'n gwylio llenni'r fflatiau'n cau fesul un wrth i'r haul waedu lliw'r dodrefn sy'n rhenc yn erbyn y wal. Gallai hithau Ingrid, yn ogystal â'r dodrefn, wneud â thrallwysiad gwaed. Mae beicwyr y Tour de France yn cael trallwysiad gwaed bob yn ail ddiwrnod. A Mick Jagger, yn 75 os ydi o'n ddiwrnod ac yn neidio ar lwyfan y Mercedes-Benz Arena heb ddim trafferth i'w bengliniau, rhaid ei fod yntau'n cael dropyn o waed ffresh o dro i dro. Byddai'n rhaid iddi hi ystyried hynny o ddifri. Fyddai Gerhard ddim yn gomedd hynny iddi. Roedd cael rhywbeth gan Gerhard mor hawdd â thynnu llaw hyd ei wyneb.

ß

Cadwai Ingrid ei meddyliau iddi'i hun. Doedd hi ddim yn credu mewn troi troliau. Gallai weld Gerhard yn dod i fyny llwybr yr ardd dan chwibanu, ei het yn ei law. Beth oedd arno'n dod adref mor gynnar? Gwasgodd yr ewros yn ei dwrn nes bod eu gwerth i'w weld ar gledr ei llaw.

Y dyn pen stryd sydd i gael yr ewros. Fo a'i wraig Karin. Dwi'n methu dallt be maen nhw'n ei weld yn ei gilydd. Mae *o*'n ddigon clên. Mae o yma rŵan, tydi?

'Wyt ti'n siŵr dy fod di am dorri'r goeden yma i lawr, Ingrid?'

'Siŵr.'

'Ac mae Gerhard yn gwybod am hyn?'

'Ydi.'

'Rhyfedd na fydda fo am wneud y job ei hun, a fynta mor hoff o'r ardd a'r berllan.'

'Ia, te. Un rhyfedd *ydio*, tasat ti mond yn gwybod.'

Gwthiodd Klaus ei gap i gefn ei ben a chrafu'i dalcen.

''Faint ohoni sydd i ddod i lawr?'

'Y cwbwl. I'r bonyn.'

'Gawson ni filoedd o hwyl yn yr ardd yma ers talwm – Gerhard, Felix a finna – yn cicio pêl a sgorio rhwng pyst y coed. Wyt ti'n siŵr dy fod di am lifio'i bostyn gôl o i lawr?'

'Wyt ti'n mynd i sefyll yn fama'n dal pen rheswm drwy'r bore? Gwna fel dwi'n deud. Mi fydd coffi ar y bwrdd mewn union hanner awr.'

'Gan bwyll, Ingrid!'

Gwyliais Klaus o'r ffenest, rhag iddo redeg at Gerhard i gwyno. Unwaith y gwela i'r bonyn, fedra i gysgu'n dawel. Dda gen i mo'r brigau'n pwyntio tuag ata i ac yn fy nilyn i â'u hegin llygad. Does bosib y bydd Gerhard yn gwarafun cwsg i mi.

O'r diwedd, clywn siffrwd y dail brig yn taro'r ffens wrth i'r genawes dal gael ei dymchwel. A'r un eiliad, Gerhard yn brasgamu i fyny'r llwybr a'i wyneb yn bictiwr.

'Klaus?'

Safai'n stond a loes lond ei wyneb. Wnes i ddim gwrando ar eu sgwrs. I beth? Es i chwilio am ddillad gwely glân, y rhai ar ôl hen nain Gerhard hefo lafant arnyn nhw mewn gwaith llaw. Dwi'n barod rŵan am gwsg hir. Haf hir yn Xanadu.

Aeth oriau heibio cyn i neb ddod ar fy nghyfyl.

'Taswn i ddim yn dy nabod di'n well, Ingrid, fyddwn i'n meddwl dy fod di wedi drysu.'

ß

Sefyll wrth y Belfast yn edrych drwy'r ffenest ar y clawdd cefn yn y pellter oeddwn i. Oes na rywun yn symud yn ei gysgodion? Oes rhywun yna, rhwng y llwyni ffawydd? Rhwng y coed fala? Golau? Sŵn?

Na, dim byd ond sŵn dŵr drws nesaf yn troelli i lawr y draen. Herr Ackermann drws nesa'n golchi'i gwpan cyn noswylio, ei gân olaf cyn i'r nos gau. Cwpan alto. Altos yn canu'n dda heno. Na, dwi'n cofio rŵan, un cwpan, un alto. Mae Frau Ackermann wedi marw. Alto dda. Frau Ackermann a fi oedd yr altos gorau ohonyn nhw i gyd.

Trodd Ingrid oddi wrth y ffenest at y teledu. *Tatort*. Wastad rhywun yn y cysgodion, yn y llwyni, yn y conglau, a phawb yn rhy ifanc i fedru datrys dim. Herr Kommissar! PAID â symud at y cysgod! Edrych tu cefn i ti! O NA! Symud dy blincin gwddw o'r ffordd! Gerhard! Be ti'n neud yn troi'r sianel?

Pêl yn symud o un ochr i'r llall. Hoci iâ? Pêl-droed, meddai'r llais ar y teledu wrthon ni. Bron run peth. Rhedeg yn ôl ac ymlaen, nôl ac ymlaen, nes bod pawb yn chwil, ac wedyn syrthio'n swpan ar lawr. Colli gwaed. Colli bawd. Ffwrdd â fo ar stretsier. Dynion mawr fel clochdai yn gwneud sŵn crio ar yr ochrau. Eu dwylo nhw'n oer efallai. Os oes gennych chi dŷ a theulu cynnes, beth ydi'r pwynt iddyn nhw i gyd sefyll allan yn yr eira yn gwylio pêl? Cododd ei hysgwyddau. Isio byw maen nhw, debyg. Pawb isio byw.

ß

A'r peth nesaf, roedd y ddau yn eistedd yn swyddfa Frau Dr Carola Pfeiffer yn gwrando ar y diagnosis. Nid nhw oedd yr unig ddau yn ei chlinig y diwrnod hwnnw. Roedd y lle'n brysur o bobol yn cerdded y coridorau drwy'r dydd, yn wleidyddion a gyrwyr tacsis, mwrdrwrs a'r maldodus, merched yn eu *niqabs* a *sikhs* yn eu tyrbans, capiau fflat a chapiau nos a rhai heb gap o gwbwl.

Cododd Brawd Du er mwyn i Ingrid gael eistedd. 'Dwi mewn cariad,' meddai wrthi, 'yn union fel roeddwn i ar y diwrnod cyntaf!' Y Brawd Leo wrth ei enw. Allan yn y byd tu hwnt i gysgod y cloestrau. Estynnodd ei law. Siglad hyderus. Oedd hwn yn glaf? Neu'n gaplan? Roedd mor anodd dweud y gwahaniaeth.

'Fi sy'n gwnïo'r abidau i'r Brodyr. Mae gen i beiriant gwnïo gyda'r gorau.' Symudodd y Brawd yn gyfforddus o gwmpas yr ystafell gan gyfarch claf ac ymwelydd fel ei gilydd. 'Mae'n rhaid i chi fod yn ofalus hefo'r haearn smwddio. Mae du yn dueddol o sgleinio.

Dewch, steddwch fan hyn. Mae Bened Sant am i bob un sy'n ymweld gael ei groesawu fel Crist, "Roeddwn i'n ddieithryn ac fe'm dygasoch i mewn." Mae rheolau Bened yn…'

Roedd gan bob un ei stori. Roedd gan bob un ei stori petai'n gallu ei chofio. Y gair bach yna ar flaen y tafod, yn dawnsio ar flaen y tafod – beth oedd o hefyd? Enw'n diffodd am eiliad. Pwy ydyn ni pan mae'r cof yn diffodd? A bod dynoliaeth yn deillio o iaith a chof, pwy ydyn ni heb ein cof?

Roeddem wrth ei desg.

'Grüss Gott! Sut ydych chi'n teimlo heddiw?'

Yr un hen gwestiynau. Pa ddiwrnod ydi hi, dyna fydd nesaf.

'Dwi'n dda iawn heddiw, diolch.'

'Ydych chi'n cofio pa ddiwrnod ydi hi?'

'Dim syniad, ond mae'r hen ddyn sy'n byw hefo fi'n siŵr o ddeud wrtha fi os byth bydda i am gael gwybod. Mae na hen ddyn yn byw yn tŷ ni. Wyddech chi hynny?'

Ddywedodd y ddynes gôt wen ddim byd. Na'r hen ddyn wrth f'ymyl.

'Hen barti gwael. Dwn i'm pam ddois i yma o gwbwl.'

'Gan eich bod chi yma, dwedwch wrthon ni beth fuoch chi'n ei wneud yr wythnos yma.'

'Golchi a smwddio. Dim ond fi sy'n golchi a smwddio yn tŷ ni. Dim ond fi sy'n coginio hefyd. Diod dalan poethion dwi'n licio orau. Dydyn nhw'n ddim trafferth, dim ond i chi wisgo menig rhag i chi bigo'ch bysedd. Dda at wared cerrig yr arennau. Ac i chwipio tinau genod drwg.'

Edrychodd yr hen ddyn ar y llawr. Wnaeth y ddynes gôt wen ddim troi blewyn.

Oes golwg flin arni? Ydw i mewn trwbwl? 'Mae'n amser i mi fynd adre i wneud swper.'

'Arhoswch eiliad bach arall. Gawn ni swper yma,' meddai'r ddynes wen.

'Fi sydd i ddeud lle dwi'n cael swper.'

'Wrth gwrs. Liciech chi swper hefo fi?'

'Swper? Mae dwyawr arall cyn swper.'

'Paned,' meddai'r hen ddyn. 'Coffi fyddai'n dda. Dwi am fynd i chwilio am goffi.'

'Ddo i hefo chdi.' Dim peryg mod i am aros hefo'r bwgan. BWGAN! Ond wnes i ddim gweiddi allan.

Cododd Ingrid, siglo llaw yn urddasol â'r Frau Doktor, nodio'i phen arni'n hyderus, a cherdded yn gefnsyth allan drwy'r drws. Yn y rhagystafell dawel, ddigynnwrf, estynnodd dwy nyrs goffi da bob un iddyn nhw a'u hebrwng yn ôl at Frau Dr Carola Pfeiffer. 'Grüss Gott! Frau Lessing,' meddai, a siglo'i llaw.

Ymlaen â'r ymgynghoriad, ymlaen ac ymlaen, yn araf a phoenus i'w derfyn anochel. O'r diwedd, daeth yn bryd ymlwybro tuag adref. Doedd dim arall amdani.

Pan ddaeth Gerhard drwy'r drws i'r tŷ y noson honno â llond ei hafflau o goed, roedd Ingrid yn eistedd yn ei chadair a'i thraed yn flêr anosgeiddig ar stôl o flaen y tân.

Lluchiodd Gerhard logyn neu ddau i'r stof ac estynnodd hithau fysedd ei thraed at y gwres. Gafaelodd Gerhard ynddynt, eu hanwylo, a'u cusanu. Daeth atgof iddi o bell. Noson o haf a Gerhard yn mwytho'i thraed yn eu sanau sidan mewn fflat hudolus tu cefn i Königstraße. Teimlo'i ddwylo, a hithau'n dechrau crynu drosti. Ysgubodd galar dros Ingrid gyda'r fath rym doedd iddo na hyd na lled, gofid dirdynnol, gorthrymus oedd yn sgrytian ei hysgwyddau'n ddidrugaredd. Penliniodd Gerhard o'i blaen a rhoi'i ben yn ei harffed. A dyna lle buon nhw am yn hir yn crio galar ei gilydd, yn sychu dagrau ei gilydd, yn hen ŵr a hen wraig.

ß

Syrthiai'r eira'n wyn dros ei sgidiau. Gwthiodd Ingrid ei dwylo i'w phocedi rhag i'r gwynt eu rhuddo. Siffrydiad bach. Beth oedd yna'n cadw twrw? Tynnodd hances sidan wen o boced ei chôt. Teimlai fel consuriwr. Pwy roddodd hon yn fan hyn? A phwy oedd wedi ysgrifennu dros hances lân? Menyn. Te. Blodau. Tybed oes angen y pethau hyn arna i? Llawn cystal imi eu prynu rŵan gan mod i'n mynd heibio i stondin bob lliw. Hen dro. Dim ond blodau.

Cofleidiodd y tusw mwyaf powld ei liwiau yn ei breichiau esgyrnog. Roedd rhywun yn rhedeg tuag ati yn llewys ei grys. Cerdded rŵan, drwy'r eira a llewys ei grys wedi'u torchi. Hergydiai gwahanol atgofion ei gilydd, ei meddwl yn cyffroi wrth weld breichiau'n noeth yn yr eira, ond dim ond blas atgof oedd pob un a dim un yn clirio'n ddigonol iddi gael golwg iawn arno. Blas mêl, serch hynny.

'Ugain ewro,' meddai'r dyn yn llewys ei grys. 'Am y blodau.'

Estynnodd am ei phwrs a thalu'r pris ar ei ben. Papur ugain. Papur glas. Ymlaen â hi.

Chwiliai Ingrid am y ffordd serth at y fynwent. P'un oedd y ffordd? Nid fod ots. Fe âi hi ar y trên. Ie, ar y trên y byddai hi'n teithio ei thaith olaf. Beth oedd diben cael enw fel Ingrid os na châi hi fwynhau'r siwrnai honno? Gorffwysodd ar fainc y platfform. Ni allai ddychmygu ei thaid yn arwain yr orymdaith angladdol a'r arch a'r torchau blodau a phopeth i gyd i fyny traciau'r rhaffordd i'r Waldfriedhof. Enw tlws. Y fynwent yn y goedwig.

A'i sŵn yn feddal, feddal, llithrodd y trên ati ac aros yn union o'i blaen. Dewisodd Ingrid ei sedd gan bwyll bach. Y sedd flaen? Dim heddiw. Ond does braidd byth unrhyw ddamweiniau. Allwn i fentro? Na, dim heddiw. Dewisodd sedd saff tua'r cefn. Syllodd ar y rhybudd o'r oes o'r blaen: 'Mae'n gyfrifoldeb ar bob teithiwr i ddal gafael dynn yn y car a hynny'n ddiymdroi.' Doedd braidd neb ar y trên. Dim ond dau fisitor a hi.

Unwaith y cyrhaeddodd ben ei thaith crwydrodd y ddau fisitor draw i'r Waldfriedhof. Dyna lle roedd hithau'n mynd, unwaith y câi blygu i'r Forwyn â'r ddwy bowlen ddagrau. I'r fynwent heddychlon. Hen feddau ynghudd rhwng y coed. Milwyr y Rhyfeloedd Byd yn llinellau llymion, yng ngolwg yr enwogion lleol, Bosch a Breuninger, oedd yn falch o gael rhoi eu hesgyrn i lawr ar ddiwedd dydd anodd.

Trodd Ingrid at y ffynnon lle safai'r Forwyn ifanc. Gallai lanw'r platiau dagrau ganwaith drosodd petai damaid elwach. Roedd ei gwisg mor osgeiddig, y Forwyn hardd. Cyffyrddodd Ingrid yn ei godreon a rhyfeddu at eu natur galed, eu llymder, eu diffyg hyblygrwydd. Plygodd ei phen yn sydyn, a symud yn ei blaen.

Anaml y byddai hi'n colli ei ffordd ac yn crwydro draw i'r Dornhaldenfriedhof a chymysgu hefo cefnogwyr y Fyddin Goch, beth oedd eu henwau nhw hefyd. Sgandal. Ac eto, roedd ar goll. Dim dwywaith amdani. Ble mae medd i, yr un dwi'n chwilio amdano? Tynnodd lun o'i phoced a gofyn i ddyn clên chwilio am fedd hefo'r llun yma arno. Johannes Wilhelm, yn gorwedd yma. Os ydio hefyd. Gorwedd mewn hedd am dipyn bach, a rhywun arall yn gorwedd mewn hedd am eich pen chi wedyn.

O'r diwedd. Gosododd y blodau lliwgar ar fedd Johannes Wilhelm. Papa. Ceisiodd gofio oedd hi'n *cael* gwneud hyn. Cymaint o reolau. Cymaint o bethau'n *verboten*. Fyddai rhywun yn rhoi cerydd iddi? Fyddai rhywun yn dwyn y lliwiau, a'u llosgi ar y domen? Roedd ei chalon fach yn brifo, brifo, ac roedd wedi blino, blino. Byddai'n gosod y blodau i lawr am funud, beth bynnag ddeuai, ta waeth beth.

Agorodd glicied ei bag a symud dipyn ar y gyllell gabaits iddi gael estyn am y jiw-jiwbs oedd wedi syrthio a sgrialu hyd ei lawr. Eisteddodd ar erchwyn y bedd a'u sugno'n hapus. Syrthiai'r eira'n dew drosti.

GERHARD

DEFFRÔDD I DDIWRNOD cynnar o haf. Faint o'r gloch oedd hi ar ddiwrnod fel heddiw? Roedd y cloc yn ei ymyl yn dweud ei fod wedi cysgu'n hwyr. Dau y pnawn. Neidiodd o'i wely. Brysiodd drwy'r gawod, a gwisgo'i hen jîns. Roedd wedi addo mynd i arddangosfa gelf ymhen teirawr i draethu ar rywun nad oedd o'n gwybod fawr amdano. Ble oedd ei nodiadau? Doedd dim amdani ond pen i lawr a chwysu.

Yn ei siwt newydd, wedi'i phrynu'n unswydd ar gyfer heno, byddai'n dipyn o hen swanc. Tarodd het am ei ben. Yn y drych gwelai wên gynnes, gymesur, ond llygaid blinedig. Er mwyn Dix, heddwch i'w lwch, roedd am i'r dathliad fod yn un ystyrlon, yn ogystal ag yn un hwyliog. Cipiodd ei dei mwyaf llawen oddi ar y rac, a'i glymu'n gwlwm. Gallai ei sgidiau wneud â sychad. Daeth o hyd i'r brwshys mewn bocs o dan y sinc, pwyso'i draed un ar y tro ar ffon y gadair, a rhoi polisiad da i flaenau ei sgidiau. Roedd yn barod am y byd, ond doedd o ddim yn disgwyl gwyrthiau. Efallai na ddeuai neb ar gyfyl y lle.

Roedd y Staatsmuseum dan ei sang. Ysgwyd llaw yma, gwenu dros ysgwydd ar rywun draw acw. Mam a merch lled gyfarwydd eu golwg yn gwenu'n llgadog arno. Pwy oedden nhw hefyd? Pan deimlodd law'r Curadur yn cwpanu ei benelin, gwyddai mai arwydd iddo gydgerdded â hi i'r neuadd oedd hynny. Fel arfer, teimlodd ei galon yn tician wrth iddo gerdded tuag at y meic, ac yna'n llonyddu ar ganol y gair cyntaf.

Roedd cryfder ac egni i'w lais. Dyna oedd y peth gorau am ei areithiau, fod pawb yn gallu eu clywed. A dyna pam nad oedd ganddo fawr i'w ddweud yn breifat – roedd ei lais yn ddigon i godi braw ar ddyn pren, er mor beraidd ei *timbre*. Dyna'i swmbwl yn y cnawd. Byddai'n cosi ei falchder yn well o'r hanner petai ganddo lais bychan bach, mwynach na mwyn.

'... un o artistiaid mwyaf blaengar y Neue Sachlichkeit, ac fe barodd y gwrthrychedd newydd hwn iddo lunio portreadau brathog o gymdeithas yr Almaen, ac o'r ddynoliaeth, yn union wedi'r Rhyfel Byd Cyntaf.'

Drwy gil ei lygaid gwelai golofn oren yng nghefn yr ystafell. Symudodd y golofn ychydig i'r dde, ychydig i'r chwith, wrth i'w araith fynd rhagddi. Rhywun yn anesmwytho. Rhywun â gwallt at ei chanol, a gwên na allai prin ei hatal. Amser symud at y sylwadau clo.

'... ac felly rwy'n siŵr y byddwch yn gwerthfawrogi'r gweithiau pwysig hyn, a champ aruthrol Wilhelm Heinrich Otto Dix wrth iddo gofnodi gorffwylltra rhyfel a'i ganlyniadau anffodus – dioddefaint y cyn-filwyr efrydd, y proffidwyr a'r puteiniaid yn dwyn mantais, a'r cynnydd a fu mewn trais rhywiol, hyn i gyd mewn arddull gynyddol ddirweddol. Diolch i chi am eich gwrandawiad.'

Yr eiliad y daeth ei sgwrs i ben os nad ynghynt, symudodd y cwmwl oren drwy'r drws a diflannu. Ble gallai fod wedi mynd?

'Prima!' sibrydodd y Curadur yn ei glust, cyn canu ei glodydd yng ngŵydd y gynulleidfa. Dyna un wedi'i phlesio, meddyliodd. Diolch amdani. Petai'n ysgwyd llaw â phob un o ffans Otto, a dechrau'r funud yma, gallai fod allan mewn ugain munud. Fyddai hi'n dal yn yr adeilad tybed? Yn y caffi? Yn pori drwy'r llyfrau? Gallai fod yn lwcus.

Rhoddodd ugain munud llawn i'r ffans cyn bowndio i fyny'r grisiau ddwy ar y tro. A dyna lle roedd hi'n eistedd a'i phen mewn llyfr. Safodd yn y drws i syllu arni. Dwylo hardd, bysedd hir, cledrau cul, a ffordd fach dwt o ddal cwpan. Coffi lliw parddu. Bysedd gwynion. Tynnodd gadair at ei bwrdd. Trodd ato yn araf, araf, a bwa ei hael yn gofyn pwy wyt ti.

'Gerhard Lessing.'

'Hallo, Gerhard Lessing.'

'Mae'n bosib mod i'n syrthio mewn cariad â chi.' Gafaelodd yn ei llaw a chwythu cusan hefo'r llall. 'Mae'n bosib mai chi ydi'r un dwi wedi bod yn aros amdani ar hyd fy mywyd.'

'Dim angen gweiddi.'

'Dwi'n anghytuno.'

Chwarddodd y ferch nes bod y bwyty'n llawn llawenydd.

Cyfaddefais yn syth. Mod i'n Brotestant o'r wlad. Mae'n well dweud yn blaen, reit ar y dechrau, dyna mhrofiad i, neu mae gan y pethau ma ryw hen ffordd filain o'ch brathu chi yn eich tin yn nes ymlaen.

'Ydi hynny'n broblem?'

'Dim ond os ydach chi'n mynnu rhedeg yn wyllt hefo fforch garthu.'

Dyna hynny'n ei wely.

'Oes gennych *chi* rywbeth i'w gyfaddef?'

'Dwi'n beniog ac yn bowld ac yn defnyddio *ti* yn llawer rhy gynnar. Hufen iâ?'

Mantais y Staatsmuseum, ar wahân i'r ffaith fod yno luniau, yw ei bod dafliad carreg o Königstraße ac er nad oedd Gerhard am dreulio amser ym mhrif stryd siopa'r ddinas, yn ei chymdogaeth câi ei ddewis o fwytai, a thir glas i segura. Wrth iddi nosi roedd strydoedd i ddod i'w nabod a chymeriad y ddinas i'w fwynhau.

Cydiodd yn ei llaw a cherdded i lawr y grisiau, un ar y tro, y dyn hamddenol, synhwyrol y dymunai fod, siaced ei siwt wedi'i bachu ar fys y fodrwy ac yn cyhwfan yn hapus dros un ysgwydd, llewys ei grys sidan wedi'u torchi ddigon i ddangos cryfder ei arddyrnau.

Awel gynnes a Mai yn ei flodau. Croesi i'r parc gyferbyn. Cyfnewid storïau bywyd. Sut roedd y dyrnaid Protestaniaid mewn capel bach cartrefol yn y wlad yn llawn cymaint rhan o'r pentref ag oedd y lliaws Catholigion yn eu heglwys oreurog i lawr y ffordd. Roedd pob un yn cyfrif, pobol y capel tŵr pren rhwng y coed derw ar ochr y bryn, yn mynd adref i'w tai clincer coch yng nghanol y caeau rêp. Pob un yn prynu menyn a manion yn y farchnad ar fore Sadwrn, tafelli sosej gan y cigydd, bara du a bara cnau a *Pretzel* bob un yn y becws. Canu emynau Luther ar fore Sul. Sôn am y bore Llun balch pan gafodd gerdded i'r *Kindergarten* ar ei ben ei hun am y tro cyntaf, a'i fam yn taflu cusanau ato o'r drws ac yn ei wylio bob cam. 'Viel Spaß, mein Schätzchen!' Hwyl fawr, cariad bach!

Roedd yn dal yn friw ar feddwl Gerhard ei fod wedi gadael y pentref, ond beth arall oedd i'w wneud? Gyrru awr i'r maes parcio, dal y bws i'r ddinas. Dyna'r ffordd i ddechrau ymryddhau. Torri allan o gylch y teulu agos, a chreu cylchoedd newydd, un yn clymu â'r llall ar gadwyn allweddi bywyd.

Wnaeth Gerhard erioed yn ei fywyd ffraeo â'i rieni, nid dyna'u ffordd. Roedd wastad wedi anrhydeddu ei dad a'i fam. Ond pan gafodd gynnig fflat, er ei fod mewn rhan wael o'r ddinas, neidiodd at y cyfle. Dyn dinas oedd Gerhard go-iawn, nid bachgen y wlad, a charai ddinas Stuttgart fel ei law ei hun, strydoedd ar strydoedd o dai toeon serth a'u dwsinau o ffenestri bach dormer yn edrych i berfedd y byd.

Ac eto, doedd y gadael ddim wedi bod yn un hawdd, ddim i'r naill ochr na'r llall. Pan fethodd ei arholiadau diwedd blwyddyn, wnaeth neb sŵn mawr. Gwyddai ei dad am nifer oedd wedi bod yn anlwcus o ran cwestiynau, doedd dim angen colli cwsg am y peth, a gwyddai ei fam fod modd ailsefyll a symud ymlaen.

Cymerodd lawer o amser ac amynedd a dyfalbarhad i'w darbwyllo na fyddai'n dychwelyd at feddygaeth. Doedd gwaed a gwythiennau a phoen a phryder a phobol o'u cof ddim yn ei ddenu. Oeddet ti'n gwybod, Papa, mai ymhlith oncolegwyr mae'r cyfraddau canser uchaf yn yr Almaen am eu bod nhw'n llyncu galar ac arswyd eu cleifion? Oeddet ti'n gwybod, Mama, fod cleifion yn cyfogi wrth ddod at ddrysau'r adran oncoleg am fod dyddiau diddiwedd o chwydu ar ôl triniaeth cemotherapi wedi'u serio ar eu meddwl?

Ond beth arall a wnâi os nad âi'n feddyg? Gallai glywed y trueni yn ei llais o hyd. Ac nid oedd ganddo ateb. Roedd wedi cymryd yn ganiataol y byddai yn ei elfen mewn ysbyty, mewn syrjyri wledig, ble bynnag y byddai bod yn feddyg yn ei arwain, mewn gwlad neu dref; doedd erioed wedi ystyried gyrfa amgen.

Ei ddiléit, fe wyddai, oedd meddwl am siapau, am liwiau. Oedd hi'n anodd cael mynediad i adran bensaernïaeth, pendronodd ei dad. Brwydrodd Gerhard yn galed â'i gydwybod, â'i synnwyr o ddyletswydd. Nid *astudio* siapau a lliwiau, ddim yn hollol. Beth petai'n *creu* lluniau a siapau? Aeth y sgwrs yn ei blaen i'r oriau mân.

Heno roedd gwên brydferthaf y byd yn ei ymyl. Amser prynu blodau, a nadreddu eu ffordd i'r fflat, heibio i lôn gul rhwng Neuadd y Ddinas a Königstraße lle roedd llif cyson o ymwelwyr yn symud yn gyflym drwy'r ali, gwŷr bonheddig ar grwydr, hen ac ifanc, ar eu ffordd i'r Drei-Farben-Haus, y Tŷ-Tri-Lliw, puteindy mwyaf, hynaf Stuttgart. Llenni dros ffenestri'r drysau derw. Golau gwan yn y lamp, ddydd a nos. Botwm perygl. Nid ei fod yn gwybod hynny o brofiad. Roedd straeon yn rhemp am gyfreithwyr a barnwyr, a'r stori'n dew am lwybr tanddaearol o'r bordelo yn uniongyrchol i Neuadd y Ddinas. Nid fod neb yn awgrymu y gallai'r Arglwydd Faer na'i gynghorwyr fod yn hel budrogod.

A'r haul eto'n gryf, ac ambell henwr yn mynd â'i gi am dro yng nghysgodion yr adeiladau, oedodd Ingrid i edrych yn ffenest siop sgidiau. Manteisiodd Gerhard ar stondin flodau oedd wrth law, rhwyd ddiogelwch swperwyr hefo'r teulu yng nghyfraith. Nid y sglaffiwrs oedd yr unig rai oedd am wneud argraff heno. Dewisodd y tusw mwyaf, a'r lliwiau cryfaf. Gwelodd Ingrid yn dod i'w gyfarfod a *Schnitzel* mewn rôl enfawr ym mhob llaw. Gwyrodd Gerhard dros y blodau a chusanu blaen ei thrwyn.

ß

Roedd hi'n hwyr y nos arnom ni'n cyrraedd y fflat. Fe'm daliodd yn dynn yn ei mynwes alto gynnes. 'Dwi ddim isio llais dynes dew,' meddai, a garglo hefo saij a jin er mwyn cadw'i llais yn siapus. Ffrwydrad o chwerthin hapus. Straeon a chwerthin Ingrid oedd y rhai gorau erioed. Neidiai o un stori i'r llall ac weithiau fe'u gadawai ar eu canol. 'Dwi'n cofio un tro pan oeddwn i o fewn *hyn* i gael fy lladd! Dwi'n cofio mrawd yn dianc o'r tŷ ar ei foto-beic a finna'n reidio piliwn…' Chwarddodd nes ei bod yn plygu fel llyfr. Os na chlywsoch chi Ingrid yn chwerthin dach chi ddim wedi byw: dyna'r sain fwyaf lledrithiol yn y byd. Hyblyg fel bedwen ac awel Fai yn ei dail.

ß

Priodi ar unwaith sydd orau, yn y Standesamt, ac yna'r gwasanaeth ffurfiol yn yr eglwys. Ydych chi'n addo y byddwch chi'n cyd-fyw yn ôl glân ordinhad Duw; yn caru, anrhydeddu ac yn gofalu am eich gilydd, mewn dyddiau da ac mewn dyddiau drwg, yn gyfoethog ac yn dlawd, yn glaf ac yn iach, hyd y'ch gwahenir gan angau? Ydyn, tra byddwn ni'n dau byw, yn glaf ac yn iach. Dyna ddaru ni addo.

Fe wylodd ei thad; wnaeth ei mam ddim colli deigryn. Efallai mai'r pen oedd yn siarad, y cywilydd o gael eich merch yn priodi Protestant, neu efallai mai'r galon oedd yn siarad, a'r gwahaniad yn loes i un ac yn rhyddhad i'r llall. Amdano'i hun, roedd Gerhard yn dod i ben yn iawn nes i'r unawd soprano gwafrio a simsanu ar y nodau uchel. Gwingodd. Yna Ingrid yn sefyll dan gawodydd o reis yn y gobaith y byddai'r gronynnau llithrig yn dal yn ei gwallt. Faint bynnag o ronynnau a ddaliai, dyna faint o blant a gâi. Mae'n braf bod yn Brotestant.

Y blodau yn ei gwallt oedd y peth prydferthaf a welais erioed. A'r llwncdestun iddi o'r *Brautbecher* hynafol, yr un cwpan piwter ag a ddefnyddiwyd ym mhriodas ei rhieni a'u rhieni hwythau, unwaith eto'n cynnig ei siampên i'r priodfab a'r briodferch gydyfed o'r un cwpan i nodi eu hunoliaeth. O leiaf gallai weld synnwyr seremonïol hynny.

Ar derfyn serennog y nos, wrth glywed Ingrid yn trafod y sielo gyda'r fath ysgafnder a thynerwch, safodd fel dyn wedi'i drywanu. Ei hanrheg priodas i mi. A'i bod wedi celu'r fath gyfrinach felys.

ß

Roedden ni'n ymwybodol ein bod ni'n byw mewn dyddiau anodd. Ond roedd gennym ni'n pobol, roedd gennym ni'n llyfrau, ac wrth gwrs roedd gennym ni'n hanes a'n gwleidyddiaeth, doedd dim modd eu hosgoi. Cefndir anodd cyd-dynnu ag ef oedd hwnnw. Pobol â chroen amrwd yn ein cylch oedden ni ac ydyn ni o hyd. Ddaru ni addo i'n gilydd y bydden ni'n codi uwchben hen hanes, ac yn rhoi blaenoriaeth i'n breuddwyd o gryfhau dyniolaeth fregus, ac i bob pwrpas fe ddaru ni gadw'n gair hyd yr oedd hynny'n bosib. Cynnwys pawb, casáu neb. Bywyd felly roedden ni am ei fyw. Teulu. Ffrindiau. Dyna'r conglfeini. Partïon ffwrdd-â-hi heb fawr angen eu trefnu, picnic bys-a-bawd bob penwythnos braf, sgyrsiau hir hyd y bore bach, tân yn y stof goed a thân yn ein boliau. Ni oedd y genhedlaeth newydd. Yn ein dwylo ni yr oedd y dyfodol.

Fe ddaeth hi'n Ddolig cyn i ni droi. Oerfel yn pinsio trwyn, a'r rhew yn pinsio traed. Dwy fest, dwy sgarff a dau bâr o sanau. Tywydd marchnad Nadolig. Codwyd coeden ar y Sgwâr a'i goleuo fel sêr y nefoedd, a hoeliwyd torch ar ddrws yr eglwys Gatholig yn gelyn ac aeron gannoedd. Syrthiodd yr eira'n dew drostynt, ar y cabanau pren a'u hangylion aur, ar do'r Hen Balas tu cefn iddynt ac ar y Wintertraum: gynted ag mae llaw'r Arglwydd Faer yn gwasgu'r golau, daw gwlad o hud a lledrith yn fyw ar Sgwâr y Palas. Mae'n Ddolig!

Chwarter awr ar y trên ac roedden ni yn Esslingen, ein hoff farchnad Nadolig, a'r dref yn dal fwy neu lai yn un darn ar ôl y rhyfel. Deuem yma i foddi yn yr awyrgylch ganoloesol, i fyw'r freuddwyd, ymgysylltu â'r dyddiau da dros ysgwydd y dyddiau blin, a dim ond *efallai* am mai yma hefyd y mae seler-gwin-pefriog hynaf yr Almaen. Aroglau sinamon a fanila yn codi fel arogldarth, a drewdod y pysgod fel lloriau Annwn. Crwydro rhwng y stondinau a methu dewis rhwng dynion sunsur, almonau siwgwr, a sosej Swabia, a gwancu am y cyfan oll run pryd.

Gwthio heibio i'r masnachwyr mewn dillad hanesyddol yn gwerthu'u nwyddau fel y gwnaent ganrifoedd yn ôl, y piwtrwyr, ffeltwyr, rhaffwyr, golosgwyr, gwneuthurwyr basgedi, gwneuthurwyr sgubelli, chwythwyr gwydr a gofaint yn arddangos eu crefftwriaeth yn y strydoedd, ar wahanol glytiau tir, ar lwyfannau rownd pob cornel a thro, ymlaen heibio i'r hyrdi-gyrdi a'r artistiaid a ddiddanai'r gynulleidfa â'u jyglo, eu cerddi a'u cybôl, heibio i artistiaid yn dawnsio ar wifren uchel, tylwyth teg ar stilts, cerddorion a chlerwyr, ac acrobatiaid yn bowndio din-dros-ben drwy'r strydoedd mewn olwynion tân, a sefyll o flaen y gwerthwr cnau castan rhost, cynhesu'n dwylo dros y tân agored, a sefyllian i ryfeddu.

O'n cwmpas, gwyrai tai canoloesol Esslingen i sibrwd eu cyfrinachau i'n clust, eu tafodiaith ynghlwm wrth hynafiaeth y distiau pren, yr Oesoedd Canol yn ei groen, cyrn a charnau.

O flaen yr hen dai roedd llwyfan agored a hen ŵr yn eistedd yn goesgroes ar ei chanol. Yn ei lais crawclyd, a'i law esgyrnog yn arwain ein llygaid at ochr y llwyfan, cyflwynodd ni i arwr ei stori, ei *Märchen* am y ferch hardd roedd pawb yn ei chwennych. Dan hudoliaeth y lampau crog a hanner oleuai'r llwyfan, a grŵn effeithiau sain y ddwy ffidil, i ffwrdd â ni i diroedd tywyll herwgipio'r dywysoges, talu'r pridwerth, achubiaeth o ddannedd y ddraig, a chosbi'r dihirod. Bloeddiai plant a'u teuluoedd eu Bw! a'u Hwrê! ac estyn eu cymorth i'r arwr wrth i Diabolus syrthio i'r llawr yn farw hoel. Eiliad cyn y diwedd neidiodd corrach dieflig tu cefn i ni, sgrechian fel mwnci, a dwyn het

Ingrid oddi am ei phen. Rhedodd yn ei nerth drwy'r dyrfa a sodro'r het am ben moelyn cyn diflannu i'r tywyllwch gefn llwyfan. Rhuodd y dorf ei chwerthin; chwythodd y band pres ei nodau; rasiodd y plant yn glystyrau bach byrlymus o'r naill le i'r llall i wared eu cynnwrf.

'Ihr Hut, gnädige Frau,' meddai'r dyn pen moel.

'Danke, mein Herr!' Cymerodd Ingrid ei het a chyn i neb droi roedd wedi gwahodd y dieithryn unig i rannu cnau castan â hi, wedi gwthio Glühwein i'w law, ac wedi dechrau ar un o'i straeon ei hun i'w ddiddanu.

Tarodd clychau'r eglwys hanner nos, a thafodau'r eglwys nesaf yn dechrau ar yr un gân gynted ag y distawodd y clychau cyntaf. Adlais ar adlais. Codi seren Nadolig o'r stondin eiliadau cyn iddi gau, dowcio afal mewn siocled a'i lyncu'n ddau ddarn, a dyna nhw'n barod i droi am adref. Mwythodd Ingrid ei chroth. Tybed na fyddai tri ym marchnad Esslingen i wrando'r *Märchen* ymhen y flwyddyn?

ß

Roedd y cyngherddau Adfent dyddiol yng nghlos yr Hen Balas wedi darfod â'u cân, a'r stondinau wedi cau eu drysau am flwyddyn arall. Pob tad wedi rhyddhau'r clymau yn y rheffyn goleuadau Dolig ac wedi cael help dwylo bach i'w gosod yn gam ar y goeden, a phob mam wedi rowndio ar eu holau wedi nos i'w gosod yn rhesymol gymesur. Roedd hi'n

Heiligabend, noswyl Nadolig, a'r eglwys yn dynn o bobol yn canu'r offeren drwy'r pnawn, pawb yno fesul teulu tra bod y Christkind yn crwydro'r fro yn rhannu anrhegion. Pawb am y cyntaf adref i sefyll yn y cyntedd i aros i'r gloch fach ganu, yn arwydd fod drws y lolfa i gael ei ddatgloi wrth i'r Christkind adael y tŷ.

Gyda Klaus a Karin ym mhen y stryd y treulion ni'r gyda'r nos sanctaidd. Karin yn canu 'Stille Nacht' a chymydog o dramor yn canu 'Ar gyfer heddiw'r bore'. Agor anrhegion, bwyta bisgedi dan y goeden olau, fflam ei chanhwyllau'n serennu ar wyneb y gwin a'i harogl yn dew drwy'r lle; dyma'n Nadolig cyntaf yn ein cartref newydd. Doedd gennym ni ddim hen drimins i'w tynnu o hen focsys cardbord yn yr atig, fawr ddim tinsel ar wahân i beth oedd ar ôl yn siop y gornel, a dim coeden. Dim *Weihnachtsbaum*! Pwy glywodd erioed yn hanes y Cread am gartref heb goeden Nadolig? Roedd gan Klaus goeden mewn pwced yn yr ardd. Saethodd ar ei draed ac roedd hanner ffordd i ben yr ardd cyn i chi allu cyfri i dri. Rhwng y ddau ohonom mater bach oedd taro'r potyn mewn berfa a'i gwthio draw i'n tŷ ni. Ysgwyd llaw a miri mawr a chwilio am ganhwyllau a darnau o oren a ffyn sinamon i'w clymu ar y cangau. Dim hanner cystal ag un canol y dref, ond y ddelaf i mi ei gweld erioed.

ß

Safwn yn y ffenest yn hiraethu am Ingrid, yn dyheu am iddi ddod adref. Ofnwn na ddeuai hi ddim. Ble'r aeth hi ar noson mor fudur? Roedd wedi mynd yn gast ganddi ddiflannu'n ddiesboniad ambell gyda'r nos, a finnau'n sefyll wrth y paen gwydr nes gallwn weld fy llun ynddo, yr haul wedi hen syrthio tu cefn i'r mynydd.

Beth welodd hi yn Gerhard Lessing, a pham fyddai hi am ddod adre ato? Dyna'r cwestiwn. Tybed nad oedd cannwyll ein cariad wedi rhoi un naid olaf, a diffodd? Roeddwn wedi arfer credu y byddai wastad ddau ym mhaen y ffenest.

Trois oddi wrth gyffro gwyllt adenydd y gwyfynod a chodi llyfr, ond doedd dim cysur rhwng ei ddalennau. Gwthiai un darlun ei ffordd ddidostur i'm cof, yr ail-ddweud a'r ail-ddweud a'r ail-ddweud, *Fedra i ddim diodda mwy o hyn, fedra i ddim diodda mwy o hyn, dim mwy, dim mwy, dim mwy…*

'Ti wedi tanio gwn erioed?' Mor ddiniwed. Rhyw fore tywyll o Dachwedd oedd hi.

'Gwn? Naddo rioed.'

'Beth am dy dad?'

'Rioed.'

'Ti'n siŵr?'

'Dan ni'n Brotestaniaid! Pam ti'n gofyn?'

'Darllen hanes rhywun yn y papur. Mi saethodd ei hun.'

Maen nhw ar fai, y bobol papur newydd yma, yn rhoi

syniadau ym mhen rhai bregus. Cam bach oedd hi wedyn nes mod i'n dod adre a'i gweld hi yn y stafell molchi a golwg wyllt arni. Wedi methu. Gwthiodd y llun o'i feddwl am y can milfed tro.

Ble wyt ti? O'r noson gyntaf honno o gariad, dan ni wedi cysgu hefo'n gilydd yn gwlwm. Dwi'n dy garu di, Ingrid Lessing, a chreda i ddim fod yr holl gyfrinachau, popeth sgwennwyd rhyngom ni mewn inc anweledig, wedi mynd.

ß

Ond dyna hi eto wedi gwthio'i ffordd drwy le cyfyng, rhwng y rhisgl a'r pren, ac wedi llwyddo. Felix.

Mewn cryn gythrwfl meddwl gwyliai Gerhard yr haf a'i haul meddal fel mws mefus yn staenio'i groen am y tro cyntaf. Felix. Ac o awr i awr, o ddydd i ddydd, fe'i gwyliai'n prifio fel cwmwl gwyn.

ß

Hen ddiwrnod llwm o Chwefror oedd hi a'r awyr wedi colli ei lliw.

'Fedra i braidd gredu eich bod chi yma!' meddai Brünhild yn gyffrous. 'Fydd Thomas wrth ei fodd. Felix wedi setlo'n iawn yn ei swydd?'

'Fel sgodyn mewn dŵr, diolch.'

'A Gerhard, beth amdanat ti?'

Yn y cofleidio mawr a'r cusanu mi fedrais osgoi ateb. Trois i wynebu Thomas, oedd yn dod o'i stydi yn wên drosto.

Ei wallt oedd prif atyniad Thomas, yn gyrliog gynnes a chartrefol, yn rhoi'r argraff o garped y stafell fyw, neu hen sbrings y soffa wedi sagio'r tamaid lleiaf. Awdur o gartref, nid awdur o swyddfa, oedd Thomas a'i ddwylo nadd yn abl i wneud mwy na symud pensil.

'A sut mae'r swydd newydd yn dy drin di? Unrhyw ddatblygiadau mawr yn y byd arlunio yn Ewrop?'

Allwn i ddim penderfynu'n iawn oedd o'n tynnu coes neu'n chwerthin yn ei lawes. Oedd Thomas am i mi frolio fy mod yn bennaeth yr adran caffaeliadau – digri iawn ond dyna'i henw swyddogol – ers dwy flynedd hir, anodd? Doedd hynny'n fawr i chwyddo yn ei gylch. Nid pawb oedd yn cytuno â'r penodiad.

'Dwi'n deall dy fod yn teithio Ewrop yn chwilio am arlunwyr y dyfodol.'

Gallai'r sylw yna hefyd fod wedi dod o sawl cyfeiriad diflas. Roedd aml un o'r rhai iau yn barod i danseilio fy newis, yn fy ngweld yn rhy hen i'w harwain i'r dyfodol. Oedd Thomas yn un o'r rheini? Pam na allen nhw fod fel y merched oedd rŵan hyn yn cerdded drwy'r tŷ yn canmol y stafell molchi newydd, y gawod V&B a'r darnau porslen cain, y ddwy fel dwy gath yn molchi a thrwsio, yn falch o weld ei gilydd?

'Dwi'n amau bod rhywbeth wedi dy orfodi i roi'r gorau i fod yn artist?'

Synnais at ei siarad plaen. Ond fedrwch chi ddim disgwyl llai gan rywun rydach chi wedi bod mor agos ato yn y gorffennol, pan oedden ni'n dau'n gwisgo masgara am blwc ac yn peintio'n gwinadd yn ddu, neu'n mynd i nofio yn y llynnoedd a chrwydro'r fforestydd, fi a Thomas a sandwijis caws.

'Doedd o ddim yno i. Nid na fedrwn i dynnu llun ond doedd y newyn am enwogrwydd ddim yno.'

'Dwi ddim yn gweld bod un yn gorfod dilyn y llall, bod diffyg awydd am enwogrwydd yn gorfod arwain at roi'r gorau i fod yn arlunydd.'

Llanwodd y stafell â sŵn y merched cyn i mi orfod ymhelaethu.

'Pawb yn ffansïo powliad o gawl? Bara rhosmari?' Hwyliodd y ddwy heibio i ni ar eu ffordd i'r gegin i synnu a rhyfeddu rhagor.

Roedd ein sgwrs ni'n dau fel torth a phigyn o rew yn ei chanol. Sgwrs dynion.

'Dyma ni. Cyrhaeddwch ato fo.'

Symudodd pawb at y bwrdd hir, a hel ein hunain draw i wneud lle i'n gilydd ar y meinciau pren. Un o'r newyddbethau roedd Thomas wedi eu creu ers i Ingrid a finnau fod heibio yma ddiwethaf oedd tŷ mwg ac roedd canlyniadau hynny i'w gweld yn y cawl cig baedd wedi'i fygu. Gallent weld y tŷ mwg drwy'r ffenest fawr, cwt pren traddodiadol, cwt un drws ond hefo dipyn bach o steil, ac wedi codi'r safon ricyn neu ddau drwy ychwanegu porth hen ffasiwn o'i flaen. I lygaid Gerhard roedd yn lloriol o syml.

'O, doedd hi'n fawr o gamp,' meddai Thomas. 'Wyddech chi'ch dwy fod Gerhard a finnau wedi codi tŷ mwg o goed cedrwydd ar gyrion Stockholm pan oedden ni'n fyfyrwyr?'

'O na, dim eto! Unwaith mae berwi cabaits. A dwi ddim eisiau clywed gair am gael sac o westy crand am ferwi'r coffi.'

Roedd Ingrid yn dechrau mynd yn rhy bell. Rhoddodd ei law dros ei llaw i geisio'i thawelu. Un o symtomau prin ei salwch newydd oedd yr ateb siarp na allai neb brin sylwi arno, ond fyddai'n cynyddu yn ei ddwyster wrth iddi flino. Gobeithio na fyddai'n sbwylio'r diwrnod drwy droi tu min ar ei ffrindiau. Roedd hi'n hen bryd troi am adref.

Mynnodd Ingrid yrru'r car. Ni allai Gerhard wrthod rhoi'r allweddi iddi heb greu annifyrrwch. Lapiodd y belt amdano a'i mentro hi yn sedd y teithiwr. Wrth i'r E-Class gychwyn o ymyl y pafin rhedodd Thomas a Brünhild law yn llaw yn ôl i'r tŷ i osgoi'r gwynt main oedd yn troelli am eu hysgwyddau.

Trodd Ingrid drwyn y car tuag adref. Roedd fan wedi parcio yn ei llwybr a char yn teithio tuag atom. Mentrodd Ingrid i'w wyneb. Dim ond cael a chael oedd hi.

Beic o'n blaenau.

'Ingrid, na!'

Pwysodd ei throed ar y brêc.

'Pwy sy'n gyrru'r car yma? Ti neu fi?'

Dim ond un trogylch cyn cyrraedd adref.

'Ingrid, ti wedi cymryd y fforchiad anghywir.'

'Naddo ddim. Dwi'n bwriadu pasio'r beic, a chan ei fod *o* ar yr ochr yna *dwi* am fynd ar yr ochr groes; un ffordd neu'i gilydd dwi'n mynd i basio'r beic.'

'Ond dydyn ni ddim angen troi oddi ar y briffordd! Ingrid!'

Erbyn hyn roedd olwynion un ochr i'r car yn y lôn chwith ac olwynion yr ochr arall yn y lôn dde, dim golau'n fflachio i ddangos i ba gyfeiriad roedd hi'n bwriadu mynd – a thri char yn wynebu'r trogylch, un bob ochr a ni yn y canol.

Drwy fendith fawr y cawson ni'n hunain adref yn un darn.

Taswn i'n ddoethach dyn, yn ddyfnach person, fyddwn i wedi dal fy nhafod ac fe fyddai'r noson wedi dod i ben lawer ynghynt. Fel roedd pethau, rhwygais fy sgidiau oddi am fy nhraed nes oedd ewinedd fy modiau'n gwichian, a dweud fy nweud.

Taflodd Ingrid ei chôt ar lawr, sefyll a'i thraed ar led a'i dwylo ar ei phengliniau, a sgrechian sgrech y Fall. Amser cloi fy hun yn y stafell molchi, yr unig stafell â chlo arni. Taro ffôn yn fy mhoced, rhag ofn. Aros iddi gysgu. Yna pendwmpian yn y stafell sbâr hefo cadair tu ôl i'r drws, nid y byddai cadair yn ei chau hi allan ond byddai'r stryffîg yn siŵr o fy neffro petai'n gwthio'i ffordd i mewn yn yr oriau mân. Taswn i'n lwcus, byddai'n cysgu cwsg y meirw ac yn anghofio popeth cyn y bore.

'Pam oeddet ti'n gweiddi neithiwr? Oeddet ti wedi cynhyrfu am rywbeth? Oedd rhywbeth ar dy feddwl?' Dyma dy gyfle di i esbonio, i gydnabod dy fod di'n sâl, i ymddiheuro. Un gair o ymddiheuriad, Ingrid, dyna i gyd. Un gair.

'Gweiddi? Wnes i ddim gweiddi. Pam ti'n deud mod i'n gweiddi?'

'Roeddet ti'n gweiddi ac yn dyrnu bwrdd y gegin.'

Mae'n chwerthin.

'O, nag oeddwn siŵr,' meddai'n ddirmygus. 'Fyddwn i *byth* yn gwneud y fath beth.'

ß

Codai cymylau cysurus o stêm o'i gwpan goffi. Cofiodd Gerhard fod hanner cacen siocled yn y cwpwrdd. Plyciodd yn galed yn erbyn sêl y tun. Roedd yn wag. Dim cacen, dim ond ei harogl.

'Ingrid? Ti wedi gorffen y gacen siocled?'

'Do.'

'Dy hunan?'

Nodiodd.

'Roedd ei hanner ar ôl.'

'Ges i ddarn hefo coffi.'

'Hanner cacen siocled?'

'Wnes i dorri'r darn yn ddau hanner.'

'O, wel mae hynny'n siŵr o fod yn iawn, ynta.'

Trodd ati, ac aeth eiliadau heibio. Roedd i'w weld fel pe bai ag awydd dweud rhywbeth, ond ddaru o ddim. Dim ond troi'n ôl at ei goffi a'r plât gwag ar fraich y gadair.

Dwi'n troi ati bob munud i ddweud pethau wrthi, ond dydi hi ddim yna. Ddim i gyd.

ß

'Dwi'n chwilio am yr amser iawn i gael sgwrs, ond dwi ddim yn meddwl bod y fath beth ag amser addas i hyn.'

'Beth sy'n bod?'

'Dwi'n anghofio pethau.'

'Mae pawb yn anghofio pethau.'

'Dyna mae pawb yn ei ddeud ond mae hyn ar raddfa wahanol. Dwi'n anghofio rysetiau dwi wedi bod yn eu coginio ar hyd fy mywyd, enwau ffrindiau, pa ben llwy i'w roi yn y pwdin.'

'Ti'n tynnu nghoes i.'

'Jest dipyn bach, ydw. Ond mae gen i broblemau. Dwi'n cael trafferth i orffen jig-so, a phan dwi'n trio rhoi Lego at ei gilydd – dwi'n methu'i wneud o.'

'Nonsens! Pysls pren a chroeseiriau, dyna ydan ni'n arbenigo arnyn nhw.'

'Gerhard, gwranda. Weithiau dwi'n eistedd yn fy

nghadair siglo yn y ffenest yn edrych allan i'r ardd a dwi'n cael Munud Meddal.'

'Sef…?'

'Munud pan mae popeth yn meddalu ac yn pellhau a dwi'n methu cadw gafael ar ddim byd. Dim un meddylyn. Dwi'n gweld lliw'r rhosod, dwi'n clywed sŵn adar, dwi'n blasu'r mefus, a munud wedyn maen nhw i gyd yn troi'n od a dwi'n methu gweld sut maen nhw'n cysylltu â'i gilydd.'

Safai yn y ffenest, yn silwét du yn erbyn golau oer y lleuad. Symudais i'w hymyl. 'Tyrd i ni gael tynnu'r llenni,' meddwn. 'Cau'r tylluanod allan.' Doedd hi ddim ond at f'ysgwydd i, ac yn edrych mor ddiymadferth.

'Na, aros i mi gael gorffen. Ac wedyn mewn sbel mae un peth yn sefyll allan, a dwi'n gafael yn hwnnw nes bod popeth arall yn setlo eto. Dwi angen cael deud hyn wrthyt ti tra mod i'n gwybod be dwi'n ei ddeud. A dwi'n falch mod i wedi medru deud wrthyt ti fy hun yn lle gadael i feddyg mewn côt wen neu nyrs mewn het wirion dorri'r newydd.'

Roeddwn i'n gwybod ers misoedd. Roeddwn wedi teimlo rhyw ddyhead araf, dwfn i ddod i'w nabod yn well cyn i'r adnabyddiaeth oedd gennyf ohoni bylu. Eisoes, roedd yn llithro o'm gafael. Daliais yn dynn yn ei llaw.

ß

Wrth imi gloi drws y car ar fy ffordd i'r tŷ sylwais ar grafiad gwyn glân yn ddwfn ar yr ystlys dde. Daeth Ingrid draw wrth fy ngweld yn clwcian o'i gwmpas.

'Hen hogia gwirion wedi sgriffinio'r car?'

'Bosib. Beth ydi hanes y ddau lyfr sydd ar y sedd gefn?'

'Dwi am fynd â nhw i siop Oxfam. Ti'n cofio ni'n mynd yna i chwilio am hen LPs? Y siop elusen tu ôl i Königstraße? Fanno. Tyrd â nhw i'r tŷ.'

'I beth sydd angen dod â nhw i'r tŷ os ti'n mynd â nhw i siop elusen?'

'Er mwyn chwalu fy enw oddi ar y dudalen flaen.'

'Pam est ti â nhw i'r car os oedd angen chwalu dy enw oddi ar y dudalen flaen?'

'Nid o'n tŷ ni aethon nhw i'r car.'

'Tŷ pwy felly?'

'Tŷ Felix.'

'Felix roddodd nhw i ti er mwyn i ti fynd â nhw i siop elusen?'

'Na, fi gododd nhw oddi ar y bwrdd yn ei stafell fyw.'

'Felly dydio ddim yn gwybod am hyn?'

'Na.'

'Ti wedi eu dwyn nhw o dŷ Felix a ti'n bwriadu mynd â nhw i siop elusen?'

'Na, wnes i mo'u dwyn nhw. Fi bia nhw. Fi roddodd eu benthyg nhw i Felix.'

'Os ti wedi eu benthyg nhw i Felix, pam ti'n mynd â nhw i siop elusen?'

'Achos wnes i gynnig benthyg dau lyfr arall iddo fo echdoe a doedd o ddim am eu darllen nhw. Mae ganddo fo ormod o lyfrau, dod allan drwy'i glustiau. Felly dwi wedi cymryd y rhain.'

'Ydi Felix yn gwybod?'

'Na, ond fydd o'n diolch i mi. Mae'r ddau yma yn waeth llyfrau na'r ddau ddaru o eu gwrthod echdoe. Os nad oedd o am ddarllen llyfrau echdoe, fydd o ddim am ddarllen y rhain.'

'Ond wnest ti eu cymryd nhw heb yn wybod iddo fo?'

'Dim ond gwneud cymwynas.'

'Ond pan fydd o'n chwilio amdanyn nhw fydd o'n meddwl mai fo sydd wedi eu colli nhw.'

'Dwi'n gwneud cymwynas am fod ganddo fo ormod o lyfrau.'

'Ond fedri di ddim mynd i dŷ rhywun a chymryd llyfrau oddi yna heb roi gwybod i neb.'

'Ond fydd o ddim yn hoffi'r ddau yma, rhai sâl ydyn nhw.'

'Fo sydd i benderfynu pa lyfrau mae o'n eu mwynhau. A'r ffaith amdani ydi y bydd Felix yn gweld eu heisiau nhw rhyw ddiwrnod ac yn teimlo'n euog ei fod o wedi colli dy lyfrau di.'

'Mae ganddo fo ormod o lyfrau, sawl gwaith sydd angen deud? Dwi'n ei helpu fo drwy gael gwared â'r rhain.'

Ac felly rownd a rownd. Sgyrsiau fel hyn roedden nhw'n eu cael bellach, yn arwain i nunlla gwell na'r unigrwydd hwnnw lle nad oes na sgwrs na siarad, dim ond geiriau.

ß

Allech chi ddim cerdded heibio i Ingrid heb ei gweld, er bod ambell un yn rhoi cynnig ar hynny. Roedd hi'n wraig hardd ac roedd hi'n dal i droi pennau.

'Well iti gael cawod peth cyntaf.'

'Dwi newydd gael cawod echdoe.'

'Un bach eto.'

'Dim ond os ddoi di hefo fi.'

'Pa ffrog wyt ti am ei gwisgo heddiw? I ni gael mynd i'r clinig.'

'Mae hon yn iawn.'

'Ti'n ei gwisgo ers wythnos ac mae rhwyg yn y boced.'

'Nagoes, dim rhwyg.'

'Oes. Yn y boced dde.'

'Wisga i gardigan a'i thynnu dros y boced dde.'

'Well i ti wisgo ffrog lân rhag ofn welwn ni rywun dan ni'n ei nabod.'

'Pwy ti'n feddwl welwn ni? Marlene Dietrich? Michael Fassbender?'

'Pwy a ŵyr?'

'Well i mi wisgo fy ffrog felen.'

'Rydan ni'n hwyr, Ingrid. Rhaid i ni hel ein traed neu fydd y trên wedi mynd hebddon ni.'

Ond mae'n dal i sefyll yna. Roedd fel petai'n teimlo rhywbeth yn yr aer, yn synhwyro bod rhywbeth ar ddigwydd. Fod arwyddocâd i'r daith ar y trên, a bod ei thraed yn gwrthod cerdded i'r daith honno.

Safai'n druenus wrth fwrdd y gegin a'i siôl wedi'i chau dan ei gwddw, ei dwrn wedi colli'i hyd a'i led. Roedd Ingrid wedi bod mor falch o'i gallu i roi dau dro am un i bawb arall, a heddiw cafodd drafferth i ddatod botymau ei choban, i gau bachyn uchaf ei ffrog; bu'n rhaid iddi adael iddo'i helpu. Roedd angen prynu amser iddi. Mae'n rhaid mai'r diwrnod yna pan ddaliodd Ingrid ei hun yn sôn wrth Klaus am ei bwriad i ymweld â'i brawd, ei diweddar frawd iau ac annwyl, hynny ddechreuodd y sleidro. Pan welodd hi Klaus a finnau'n edrych ar ein gilydd mae'n rhaid ei bod wedi deall. 'Anhygoel mod i wedi deud y fath beth!' meddai. 'Dymuniad yn drech na rheswm.'

Estynnais ati a'i chymryd yn fy mreichiau. 'Dawns fach, Frau Lessing? Mae amser am un ddawns wyllt o gwmpas y bwrdd ac wedyn mi fydd yn rhaid i ni REDEG!'

ß

'Dwi am ofyn rhai cwestiynau i chi, Frau Lessing, i brofi'r cof. Pwy ydi Canghellor yr Almaen?'

'Otto Dix. Gofio fo'n fabi. Y pentra i gyd yn falch ohono fo.' Oedodd. *'Frau Merkel*!' Siglo chwerthin. Gwyddai'n iawn p'un oedd y mynydd uchaf, y llyn isaf, yr afon hiraf, y goedwig ehangaf.

'Cwch, oren, buwch, beic, eryr,' meddai Frau Doktor Carola Pfeiffer.

'Cwch, oren, buwch, beic, eryr,' adroddodd Ingrid.

'Cwch, oren, buwch, beic, eryr,' ailadroddodd ymhen chwarter awr.

'Dwi am i chi godi'r sgarff yma yn eich llaw dde ac yna ei gollwng hi ar lawr.'

Symudodd Ingrid run gewyn.

'Dwi am i chi godi'r sgarff yma yn eich llaw dde ac yna ei gollwng hi ar lawr, Frau Lessing.'

'Chi sy'n mynd i'w golchi hi?'

'Frau Lessing, faint o bethau yn dechrau â'r llythyren "O" fedrwch chi eu henwi mewn munud?'

'Oren, Oma.'

'Unrhyw beth arall?'

'Oren. Oma.'

'Mm-m.'

Prawf ar ôl prawf a sgan a mwy o brofion. Roedd coes dde Ingrid yn neidio i fyny ac i lawr o dan y bwrdd.

Nôl gartref roedd ei ben yn troi. Yn groes i arfer y degawdau lluchiodd siaced ei siwt ar y gwely a'i dei ar ei hôl. Roedd llabedau blaen a rhannau o labedau arleisiol ei hymennydd wedi crebachu; roedd y rhannau oedd yn cyfryngu crebwyll a synnwyr cyffredin ac empathi a nam arnynt. Cyflwr cynyddol fyddai'n ei difa. Dim i'w wneud. A dim troi'n ôl.

Ganrif yn ôl roedd unrhyw un oedd wedi cael trawiad yn cael ei ddyfarnu'n ddyn marw. Heddiw mae wardeidiau ar wardeidiau o bobol giami yn dod yn ôl o'r erchwyn i gael ail gyfle, ac yn medru sefyll yn y ciw bara cystal â'r dyn tu ôl iddynt. Sgriws, pympiau, cluniau, mewnblaniadau, miloedd ar filoedd yn cael eu gosod bob blwyddyn – llygaid bionig, dwylo artiffisial, unrhyw beth liciwch chi. Mae pobol yn byw i fod yn gant yn hapus a heini. Jeanne Calment yn gweithio mewn siop ym Mharis yn gwerthu olew a brwshys i arlunwyr yn dair ar ddeg, gwerthu pensiliau i van Gogh, gweld codi Tŵr Eiffel, byw drwy ddau Ryfel Byd a byw i fod yn 122. A ninnau heb y syniad lleiaf sut i adfer ymennydd na sut i gadw hynny o ymennydd sydd ar ôl. *Pam?*

O flaen y stof goed, yn niogelwch eu cyfrinach, roedd Ingrid am iddo addo un peth, na fyddai byth yn dweud 'Dwi newydd ddeud wrthat ti.' Fydda fo ddim yn breuddwydio dweud y fath beth. Wrth ddynes beniog fel hi? Siarped â hoel. Gosododd Ingrid ei phen ar feddalwch ei ysgwydd. 'Ti'n ddyn da, Gerhard Lessing.' Chwaraeai ei bysedd â hem y cashmir.

'Sh-sh. Paid â chrio. Chei di ddim niwed. Dim tra bod gen i ddwy law a dau droed ac anadl yn 'y mrest.'

ß

O ben y bryn, gallai Gerhard weld ymhell. Câi ei dynnu yma, weithiau yn erbyn ei ewyllys ar fore llwydaidd, gwlyb a'r awyr yn isel dros y ddinas; weithiau pan fyddai'r gwynt yn cipio'r dail o'r coed; wastad pan fyddai hiraeth am normalrwydd cymharol ei hen fywyd yn tynnu'i feddwl bob siâp. Yma, gallai ei ddaearu ei hun. Gartref rhwng y dodrefn, rhwng y waliau, roedd popeth yn gybolfa, fel petai'n edrych i ddrych ffair a phopeth yn fwy na'r disgwyl neu'n llai na'r disgwyl; pethau ddylai fod yn gam, rywsut wedi sythu; pethau ddylai fod yn syth, ar dro. Roedd taro ar ffordd ganol, chwilio am gyfaddawd, yn mynd yn fwyfwy anodd.

Crwydrodd ei lygaid dros y ddinas. Y fath brysurdeb a chynnydd! Craeniau adeiladu ar safleoedd lle na bu erioed ddim ond cŷn a morthwyl, eu breichiau'n estyn i ddyfodol disglair; pensaernïaeth Giwbaidd, gwydr a choncrid, yn cyd-fyw hefo cabanau'r Goedwig Ddu; clytiau arddangos cymaint â dau gae pêl-droed lle cofiai dir gwastraff; prosiectau drud yn ffynnu dan y toeon clai, toeon cysurus o hirhoedledd a gwydnwch fyddai'n dal straen a phwys yr eira mawr. Roedd gan y ddinas oddi tano bopeth y gallai dyn fod ei angen. A dim. Hiraethai ei enaid am Ingrid.

Yn ei ffrog fentrus o fer roedd syrfs Ingrid yn gwneud i raced grio yn eich llaw; gallai Ingrid basio pob arholiad, torri bara mor denau â deilen, a chanu yng nghôr yr eglwys yn alto soled â thraw perffaith. Yn ei ffrog fentrus o fer, gwylio'r ffilm gyntaf erioed law yn llaw. 'Claddu ci mewn coedwig ar ôl i gar redeg drosto fo – dyna'r unig beth ddigwyddodd drwy'r nos oni bai am siarad amdanyn nhw'u hunain tra'u bod nhw'n smocio pot!'

Parti pot yn y goedwig. A dyma ni, nôl bron yn yr un lle. Parti yn theatr yr abswrd. Roedd yn hwyrfrydig i ollwng gafael arni. Ond ai ef fyddai'r un i ollwng? Doedd o ddim am fod yn arwr, nid dyna'i nod, ond gallai unigrwydd a bygyliad parhaus a'r perygl posib yr oedd ynddo wywo hynny o wroldeb oedd ganddo. Sut oedd cadw'n driw dan y fath bwysau? Pwysau pethau a wnâi i'w galon ddychlamu, pethau na allai eu dweud hyd yn oed wrth yr Hollalluog ambell waith, er ei fod O'n gwybod yn iawn amdanyn nhw – gwadu Ingrid fyddai hynny. Hi oedd â'r llaw uchaf. Hi oedd meistres y sioe wallgo oedd yn mynd yn fwy abswrd wrth yr awr.

Roedd wedi gwrando arni'n canu'r Deutschlandlied yn y gwely'r bore hwnnw, yn grugyn yn y gornel agosaf at y wal. Canu cryf, gwladgarol, a chrych penderfynol yn ei thalcen. Roedd wedi gwrando arni'n canu i'r adar yn yr ardd ar ôl brecwast, yn felys isel fel petai'n ceisio eu denu o'r cangau. Roedd hi rŵan hyn, wrth iddo fyfyrio ar y dydd, yn cerdded o gwmpas y tŷ yn hanner noeth a thywel trwm yn hongian am ei chefn am ei bod wedi chwysu dau grys yn socian a ddim am chwysu i drydydd. Roedd yn mynd yn galetach bob dydd i ddod o hyd i'r nerth i gario mlaen, dim ots beth.

Rhwng cadeiriau'r gegin ddôi dim atebion, ond yn chwa'r awel ar y bryn daeth llinell roedd wedi'i dysgu yn ei blentyndod i gosi'i feddwl: 'Denn die Liebe Christi drängt uns.' Hoffai feddwl bod cariad yn cydio'n ei ysgwydd a'i yrru i'r dyfodol, a'i afael mor dynn arno fel na allai ymryddhau. Fe hoffai'r syniad hwnnw. Cadw pethau at ei gilydd yn lle'u bod yn syrthio'n ddarnau – gallai, gallai wneud hynny am ddiwrnod arall.

Cefnodd ar yr olygfa gynefin a'i throi hi am y Teehaus. Yno, gallai ymgolli mewn brecwast harti, a gwrando'n ddirgel ar sgwrs cymdogion wrth y bwrdd agosaf, ond ni allai'r un enaid wrando'i feddyliau ef, fel roedd pethau orau.

ß

Gallai weld Ingrid yn yr ardd yn ei phyjamas. Symudodd y llenni i un ochr iddo gael ei gweld yn well. Roedd hi'n amlwg ar ryw berwyl cudd. Ciledrychai o'i chwmpas i bob cyfeiriad. Pan oedd yn hyderus fod y ffordd yn glir, ar amrantiad, cododd ei llaw a lluchio rhywbeth i'r ardd drws nesaf. Hedfanodd dwsin o dlysau bach gwynion i'r awyr denau a syrthio'n ysgafn dros y pridd. Beth allent fod?

Fyddai Herr Ackermann ddim yn falch o'u derbyn, beth bynnag oedden nhw.

Colli swildod, dyna ddywedodd Frau Dr Carola Pfeiffer fyddai'r cam nesaf, a cholli synnwyr o 'Paid!' Taflu sbwriel drwy ffenest y car, cusanu pobol ddierth, a'r darn bach o ymwybyddiaeth oedd ar ôl, y darn bach oedd yn dweud wrthi fod angen rhwystr ar ei gweithredoedd, caead ar y piser, yn gwneud iddi gelu a bod yn gelwyddog, a 'Naddo' a 'Dim byd' yn dwylleiriau cyfleus.

Roedd Ingrid yn symud at y tŷ gwydr. Cadwai focs pren yno, fe wyddai Gerhard hynny. Âi yn ei chwman i lawr y stryd bob pnawn, i lawr at siop y gornel, a phrynu pecyn teulu o greision a phecyn pum-bar o siocled a galw yn y tŷ gwydr i'w diddosi fel babis yn y bocs cyn dod i'r tŷ a syrthio i'w chadair. Ei chyfrinach hi oedd hynny, a'i gyfrinach yntau, ar wahân i'w gilydd ac nid â'u pennau'n glwstwr.

Snachodd Ingrid boced ei chôt ar ddwrn y drws wrth ei wthio'n agored. Gwrandawai Gerhard arni'n taranu. 'Dim gwahaniaeth gen *i*, ond mi fydd gan Mama ddigon i'w ddeud. Fydd *hi* ddim yn hapus. Fydda i angen y gôt yma eto? Go brin. Fyddwn i ddim yn mynd ar gyfyl America hyd yn oed tasa'n unig fab i'n priodi merch Patrick Murphy ar y preri. Dim peryg. Dim angen côt felly. Ha ha, Mama.'

Eisteddai Ingrid yng nghlydwch y tŷ gwydr i fwynhau ei siocled a phelydrau gwan yr haul cyn iddo fynd i'w wely, nid y byddai'n gallu dilyn ei daith. Doedd hi ddim yn rhy siŵr faint o'r gloch oedd hi. Roedd rhywun yn symud bysedd y cloc, roedd hi wedi sylwi, allweddi'n mynd ar goll a'i sbectol yn magu traed. Roedd cymaint o ddrygioni yn y byd.

Allai Gerhard ddim goddef edrych arni'n rhuglo'r siocled o'i dwylo ac yn siglo'n ôl a blaen, ôl a blaen, lwli lwli. Oedd hi'n rhwbio'i dwylo am ei bod yn bryderus, neu oedd hi'n siglo'n ôl a blaen am ei bod yn fodlon? Roedd hi mor anodd ei darllen.

Estynnodd lyfr lluniau o'r drôr a chwilio am ei hoff lun ohoni: dyma hi'n cyrraedd un o gopaon yr Allgäu, het am ei phen a'i hwyneb yn ddisglair gan orchest; roedd hwnnw'n un o'i ffefrynnau. Ydi hi'r un person heddiw tybed, neu ydi hi'n rhywun arall?

Roeddwn i'n arfer meddwl bod gan bob cymeriad yr un bersonoliaeth bob dydd, gyda mân amrywiadau. Roeddwn i'n arfer meddwl y byddai'n iawn i rywun oedd yn galaru fod ychydig bach yn wahanol dros dro, 'ddim yn hi'i hun', ond yn hwyr neu'n hwyrach y byddai'n dychwelyd i'w hen ffyrdd, i'w hen gymeriad, i'w chroen ei hun, yn siriol a chwmnigar, yn rhywun y gallech chi ei nabod, yn *hi'i hun*. O'n i'n siarad drwy'n het.

Tasach chi'n deffro bore fory hefo personoliaeth newydd, go brin y byddech chi'n dal i fod yn *chi'ch hun*. Cododd y llun o'r plastig. Ydi Ingrid yn dal yn hi'i hun? Oes rhywbeth ynglŷn â hi pan dynnwyd y llun yma sy'n dal yn wir amdani heddiw, sy'n dal yn *hi* heddiw, rhywbeth mae pobol eraill yn ei weld hefyd, y tebygrwydd hwnnw, yr unfathrwydd hwnnw?

Hwyliodd Ingrid i'r tŷ, yn wên drosti. Safodd yn stond pan welodd Gerhard wrth fwrdd y gegin. Cystal cael hyn i olau dydd, meddyliodd Gerhard. Gosododd y llun yn ôl ym mhlygion y llyfr a'i gadw yn y drôr.

'Be wnest ti ei daflu i ardd Herr Ackermann?'

'Dim byd.'

'Welais i ti'n taflu rhywbeth dros y clawdd.'

'Dim ond egin tatws.'

'Ble gest ti egin tatws?'

'Ti adawodd datws wedi egino wrth y drws cefn.'

'Wnest ti dynnu'r egin o'r tatws a'u taflu nhw dros y clawdd?'

'Do.'

'I beth?'

'I fwydo cathod Herr Ackermann.'

'Gwranda, Ingrid, mae hyn yn bwysig iti'i ddeall. Mae cathod drws nesa yn dew fel pwdin, a wnei di ddim ond codi gwrychyn cymdogion wrth daflu pethau i'w gerddi nhw. Wyt ti'n cytuno bod hynny'n beth annoeth i'w wneud?'

'Na, dim o gwbwl. Mae golwg sgraglyd iawn ar ei gathod o. O'n i'n arfer taflu hen stiw iddyn nhw pan oeddet ti'n dy waith.'

'Ingrid. Mae'r dyddiau yna drosodd. Ti'n gweld?'

'Egin bychan bach. Trincets breichled. Pam ti'n gwneud cymaint o lol?' Syrthiodd i'w chadair a'i theledu.

Mae'n brifo pan mae hi'n byw yn ei balŵn, fel un mae'r gwynt mawr wedi'i chwythu i mewn drwy'r drws ffrynt er mwyn i mi ei dandlwn a hithau, hi'i hun, yn cadw'i phellter.

ß

'Gerhard. Gerhard Lessing,' meddwn wrthi. 'Chi ydi'r un dwi wedi bod yn aros amdani ar hyd fy mywyd.' Yr un dwi wedi aros yn ffyddlon iddi ar hyd fy mywyd, haf a gaeaf. Ac mae rhywbeth amdani hi sydd yr un heddiw. Eisteddai gyferbyn â hi, hi a'i sanau streip a'i Birkenstocks symudliw. Craffodd arni a theimlo tyndra yn ei frest ac awydd i wylo.

Wnâi hyn mo'r tro. Tarodd Gerhard un droed drom o flaen y llall a cherdded i'r gegin gan ymdrechu ei orau glas i beidio gweld na theimlo. Paid â theimlo, paid â meddwl, dim ond gwneud. Estyn am y jar. Malu'r ffa. Berwi'r dŵr. Arllwys yr aur du. Florentines. Neithiwr fe sylwais ar y pecyn gwag ar y silff a gofyn ble roedd ei gynnwys. Y trydanwr yn gorfod cael rhywbeth bach hefo'i goffi, meddai.

'Fuodd y trydanwr yma?'

'Do, fe ddaeth ar y tram pnawn ddoe. Mae'r gyrwyr yn fy saliwtio fi rŵan wrth iddyn nhw yrru heibio.'

Ac fe ddaeth imi, yn dawel fel pluen eira, lythyr fy mhoen. Nid yr anghofusrwydd, nid yr Ingrid gwallt-am-ben-ei-dannedd elyniaethus oedd yn slwmp o mlaen a'm blinai. Yr un corff sydd ganddi, yn rhwym i'r un amser a lle; ac eithrio'i chrychni chwerthin a *stretchmark* neu ddau mae'r corff yn union fel y bu ers blynyddoedd. Nid y croen sydd am yr esgyrn ydi'r gwewyr. Gallech daflu rhywun i labordy a rhoi olion bysedd newydd ar ei ddwylo, tair modfedd ar ei goesau, codi dau nodyn ar draw'r llais, ac eto yr un person fyddai'n dod allan i'r stryd i'ch cyfarfod, i gydio'n eich llaw. Neu tasa'i gwallt hi'n diflannu a'i llais hi'n darfod a hithau'n colli ei dwy goes, hi fyddai hi run fath yn union.

Ond pan welwch chi drwy'r celwydd, a gweld y gwir rydan ni wedi sefyll o'i blaid cyhyd yn syrthio'n blu ac esgyrn i'r llawr, beth wedyn? Ydi hi'n bwysicach fod rhywun yn dal ati i ddweud y gwir na'i fod yn dal ati i dorri'r lawnt neu'n dal i olchi llestri neu roi dillad ar y lein? Ydi moesoldeb yn bwysicach na gallu, neu feistrolaeth ar bwnc? Dyna'r pryfyn bach sy'n cosi'r meddwl, ac mae'n gyndyn o gael ei ddal.

Am y tro efallai fod modd byw ar atgofion. Ei dwylo a'i thraed yn lluniaidd esgyrnog, yn agored i'r byd gael syllu arnyn nhw yn yr haf, wedi'u lapio mewn menig a bŵts coch rhag ewinrhew'r gaeaf. Ei llaw wen. Tynnais gadair at y bwrdd. 'Coffi, Ingrid. A Florentines. Paced newydd. Gei di ei agor o.'

Trodd ataf yn araf, araf a bwa ei hael yn gofyn pwy wyt ti.

ß

Daeth Gerhard i'r tŷ ar ôl bod allan yn chwilio yng nghwt yr ardd am yr offer tocio gwrych. Doedd fiw iddo ei adael yn gwyro i'r pafin, byddai'n siŵr o gael dirwy. Doedd dim golwg o Ingrid. Mae'n rhaid fod yr ofalwraig wedi galw amdani, roedd yn fore trin ei thraed. Heddiw oedd hi'n mynd i ginio hefo Felix? Siŵr braidd. Wedyn awr yn trin ei gwallt, a Sekt yn y Breuninger am dri. Roedd yn rhaid iddo godi'i het i'r hogan bach yna, beth oedd ei henw hi hefyd? Fe fyddai'n gofalu amdano *fo* nesaf, fel roedd pethau'n mynd. Lle oedd ei sbectol o?

Canodd cloch y drws ac yno safai Klaus, yn llanw'r ffrâm, yn barod am y berth. Roedd Gerhard yn falch o'i berth ac fe'i tociai'n rheolaidd i rwystro bylchau rhag agor rhyngddo fo a drws nesaf, a rhag i neb feddwl na wyddai'r gwahaniaeth rhwng perth a rhes o goed. Châi run carw na baedd gwyllt roi blaen ei drwyn yn agos i'w berth, ac edrychai gyda balchder ar y pryfed oedd yn cael eu cynnal ynddi, nid eu bod yn rhai pwysig na phrin, dim ond eu bod yn byw ac yn bod. Ymhyfrydai hefyd yn y cysgod nythu trwchus oedd ynddi, ac edrychai ymlaen at brysurdeb yr adar fyddai'n dychwelyd iddi ymhen mis neu ddau. Câi Ingrid ei swyno gan yr adar a'i hypsetio'n ofnadwy pan ddinistrid eu nythod.

Eisteddodd Klaus wrth y bwrdd yn ei gogls garddio a'i sgidiau saff. Yn ei siwt arddio, dim rhy llac rhag iddi fynd yn sownd yn yr injans a dim rhy dynn rhag iddi gyfyngu ar ei symudiadau, teimlai'n fodlon braf. Gosododd ei fenig trwm yn dwt ar y bwrdd yn ei ymyl. Daeth Gerhard â'r coffi a'r caws i'r bwrdd. Doedd dim gobaith gwneud dim byd heb ail frecwast.

Perth ryddieithol ddi-fflach fyddai hon. Rhybuddiodd Gerhard dros goffi cryf nad oedd eisiau dim rwdl-mi-ri yn agos at ei berth annwyl. Dim siapau ceiliog ac iâr. 'Deall yn iawn.' Doedd gan Gerhard ddim diddordeb mewn defnyddio perth i wneud datganiad; os oedd o â rhywbeth i'w ddweud roedd ganddo lais cystal â neb a gwell na'r rhelyw at y dasg. Wyneb llyfn, copa gwastad, bôn trwchus, dyna'r risêt gorau am berth. Deall eich gilydd, dyna'r risêt gorau am gyfeillgarwch.

Yn fawr eu ffwdan, y naill a'i fraich dros ysgwydd y llall, aethant o'u gwobr at eu gwaith. Gyntaf roedd angen creu ardal ddiogelwch i gadw pawb draw – yn enwedig cŵn a phlant, doedd dim dal ar blant a'u cŵn. Gosodwyd yr ysgol ar ei thraed, ei symud ffordd hyn a ffordd draw i safle gwell, i safiad gwell, ei hysgwyd i weld ei bod yn saff ac yna nodio'n fodlon, y naill ar y llall.

Ar ôl cymharu crymanau a menig a phladuriau ac injans torri perth, edrych i'r awyr, edrych i'r gwrych, dyma benderfynu ei bod yn amser i ddechrau ar y gwaith torri. Oedd adar yn y berth? Na, doedd dim adar yn y berth. Oedd ystlumod yn clwydo yno? Na, doedd o ddim yn meddwl bod. Sgubodd ei lygaid drwy'r gwrych i bob cyfeiriad. Na, welodd o na phlufyn nac asgell. Oedd na dameidiach papur wedi cydio'n y brigau fedrai jamio'r peiriannau? Dyna fyddai picil. Na, dim hyd yn oed bapur fferins. Oedd digon o hyd ar y cêbl i gyrraedd y brigau uchaf? Oedd, i'r brigyn uchaf un.

Fesul deilen grin cafwyd gwastrodaeth ar y brigau oedd wedi sigo i'r ffordd, ac felly y caed gwaredigaeth rhag y ddirwy. Bore da o waith!

Wrth y bwrdd ym mhen draw'r stryd ar anogaeth Karin estynnodd y ddau arwr at y bara rhyg a'r pasta wy. Schnapps bach a sgwrs a chau-llygaid-dim-ond-am-eiliad yn y cadeiriau esmwyth ddigon i alw 'chi' arnyn nhw.

Pan ddychwelodd Gerhard adref o'r diwedd, ei frest yn fawr ar ôl sefyll eto i edrych ar y berth a'i ddwylo ymhleth a'i lygaid yn loyw, dan y trawstiau yn y llwydolau gallai weld fflach y peiriant ateb. Gwasgodd y botwm i glywed llais Maria'r ofalwraig yn ymddiheuro bod y ddannodd arni ac na fyddai'n galw heibio heddiw.

'Ingrid! *Ingrid*!' Doedd hi ddim wrth y bwrdd, doedd hi ddim wrth y tân, doedd hi ddim yn ei gwely. Chwiliodd am ei dortsh iddo gael gweld yn iawn, na, doedd hi ddim yn yr ardd a doedd hi ddim yn y tŷ gwydr. Ble oedd hi? Rhoddai ffortiwn am ei gweld yn gorwedd yn ei gwely yn ei dillad a'i slipars er amled roedd wedi dweud wrthi am beidio. Rhedodd i ben y stryd at Klaus.

'Os na fedra i ddod o hyd i Ingrid yn sydyn fe allai farw – o oerfel neu…'

'Karin! Dwi'n mynd allan hefo Gerhard i chwilio am Ingrid. Does neb wedi ei gweld ers brecwast.'

Roedd pigau rhew ar y ffordd a chyllyll o iâ ar y pafin dan eu traed. Uwchben roedd sêr yn dod i'r golwg fesul un fach unig, gwreichion metel, ac awyr y nos i'w gweld yn greulon.

VIKTORIA

P AN OEDD HI'N dair ar hugain oed a newydd raddio o Berkeley, fe sylweddolodd Viktoria na fedrai hi wneud dim byd mwy uchelgeisiol na bod yn barista neu'n ecstra neu'n ddynes popcorn yn y Gloria. Nid dyna oedd gan ei rhieni mewn golwg ar ei chyfer. Weithiau, yn yr oriau tywyll, teimlai'n dipyn o benbwl am afradu eu harian. Hunllefau ddoe oedd y rheini. Heddiw, roedd ganddi swydd, a lle i ddiolch am ei chyfnod yn gwerthu popcorn ar y Schlossplatz; fe dalodd ar ei ganfed.

Pwysodd yn nes at y drych. Taenodd haenen aur o dan ei llygad a thros hanner ei boch. Daethai'n bryd rhoi'r gorau i sefyll yn droednoeth mewn pyllau o haul ar lawr y gegin, rhoi'r gorau i wylio'r cysgodion yn cerdded y mynydd, rhoi'r gorau i fyw ar ei rhieni, a gweithio allan sut i dalu rhent ar fflat yn Degerloch. Yn y fan a'r lle penderfynodd y byddai'n mynd yn gerflun. Cerflun byw.

ß

Meddwl am y *tableau vivant* canoloesol oeddwn i a sylweddoli y gallwn fod yn ennill cyflog erbyn canol dydd, dim ond rhoi fy meddwl ar waith.

Mater bach oedd chwilio am wisg rad yn siop Oxfam, stryd neu ddwy o Königstraße. Yno'n hongian yn drwm ar hen gambren roedd ffrog aur, gwddw isel – gŵn o ffrog. Pan welais fenig arian mewn bocs ar lawr fe ddaeth imi'n sydyn y gallwn chwarae rhan 'Das Mädchen ohne Hände', y gallwn fod yn gerflun o'r ferch heb ddwylo. Mae pawb yn hoffi Grimm. Pwy na fyddai'n rhoi ffortiwn i ferch roedd ei thad wedi torri'i dwylo i ffwrdd i'w arbed ei hun rhag cael ei gipio gan y diafol? Byddai'r menig arian yn edrych fel y dwylo newydd o fetel a roddodd y brenin iddi'n anrheg cyn ei phriodi. Roedd het goch yn yr un bocs, un ddofn, cantel llydan. Hyd yn oed petai meddwyn yn lluchio pres iddi byddai'r darnau'n bachu'r cantel a rowlio'n sigledig i'w bol. Byddwn werth fy miloedd tasai'r cynllun hwn yn llwyddo.

Prynais golur lliw aur. Es i ddim dros ben llestri a phrynu twb rhag imi nogio a gwrthod perfformio ar yr ail ddiwrnod, dyna fyddai gwastraff, ond roedd yn rhaid cael digon i guddio fy wyneb a'm gwar a lwfio am y gwddw isel. Byddai gofyn prynu wig pryd golau hefyd, dwy bleth hir i ferch fach ddel ei thad.

Gallwn wneud â rhywbeth i'w ddal yn fy llaw, bocs o fferins neu bot blodau. Beryg y byddai pla o blant yn dwyn y fferins. Does neb byth yn *desbret* am flodau ond mae'n braf cael un wrth gerdded llwybr bywyd. Sirioli'r dydd. Cefais fenthyg fas gan Mama, casglu coflaid o flodau o'i gardd hi, a dyna fi'n barod. Roeddwn i ar y stryd y bore wedyn.

U7 i'r Schlossplatz, rhedeg i grombil y Gloria, diolch i'r rheolwraig barod ei chymwynas, a llusgo un o'r palets mwyaf allan i'r Sgwâr – fe wnâi lwyfan ddelfrydol; yn ôl i doiledau'r Gloria i wisgo colur a ffrog, ac allan â fi i'r stryd. Â'm bochau'n sgleinio o golur aur a chwys, teflais gynfasen wen dros y stêj, rhoi'r het o fewn cyrraedd y gwylwyr, a theimlo'r llygaid chwilfrydig yn pigo fy ngwar. Roeddwn ar safle da, a llif cyson o bobol yn dringo'r grisiau i fyny o grombil yr orsaf allan i'r haul.

Dringais i ben y llwyfan, sythu nghefn, anadlu'n ddwfn a gwrando ar fy nghalon yn gwallgofi yn fy mrest, ond dim ond am hanner eiliad. Yn urddasol ddramatig, gosodais y blodau o gwmpas fy nhraed, cymryd dyrnaid o'r rhai mwyaf deniadol yn fy llaw, a chodi fy mraich yn araf uchel i'r awyr. Sefais fel delw. Roedd arna i gymaint o ofn, fedrwn i brin anadlu. O dan y colur aur roedd fy wyneb fel y galchen. Edrychais i'r nefoedd las uwchben.

Daeth cric i'm gwegil. Symudais fy mhen yn araf, araf nes gallwn weld y stryd. Roedd rhyw hanner dwsin o bobol yn sefyllian o gwmpas. Pwniodd un y llall. 'Mae'n fyw! Welais i ei phen hi'n symud!' Daeth bachgen bach mewn rompyrs a bresys yn nes, nes. Rhoddodd ei fam ewro yn ei law. Daeth ar ei bedwar at yr het fawr goch, cymaint â fo'i hun, taflu'r arian i mewn, ac edrych yn syn arnaf. Plygais ato, yn hanner ofni ei ddychryn. Gallai gweld cerflun aur yn dod yn fyw godi hunllefau ynddo. Estynnais flodyn mawr melyn tuag ato. Gwichiodd yn hapus, ei ddwyn o'm llaw, a'i daflu ar lawr a chlapio'i ddwylo. Cipiodd ei fam y bachgen a'r blodyn a gwenu. Rhoddais innau ochenaid o ryddhad. Roedd hyn yn mynd i weithio. Roedd gen i swydd. Fesul ewro a dau, tincialai'r pres ar waelod yr het a thyfu'n bentwr.

Roedd hi'n artaith ar fy mhengliniau. Arhosais i'r dyrfa ar y Sgwâr deneuo cyn symud yn araf i ystum gwahanol. Symud y blodau o un llaw i'r llall yn raddol, raddol bach. Codi tusw gwahanol o'r llawr wrth fy nhraed. Mor araf. Ailosod yr het oedd wedi cael cic i un ochr. Dwi'n benderfynol o roi eiliad o lawenydd i rywun heddiw: estyn at rywun a rhoi gwên yn ei lygaid; a dwi am roi rhywbeth i'r gynulleidfa bendroni drosto: y tad sy'n torri dwylo'i ferch a'i rhoi hi i'r diafol, neu'r ferch sy'n fodlon helpu'i thad ei hun i'w darnio. Teyrngarwch, cariad, hunanaberth. Ond nid fi sydd i bendroni! Gafaelais mewn blodyn coch.

O ben fy mocs gallwn weld yr Arglwydd Faer, allan ar y stryd yn mwytho'i fwstásh hir sidanaidd â'i law fach wanllyd. Tybed ydi o'n edrych arna i ac yn meddwl am Olga Desmond a'i *Schönheitsabende*, nosweithiau o harddwch fel maen nhw'n cael eu galw mewn cylchoedd dethol, merched noeth yn cymryd arnynt eu bod yn waith celf clasurol, 'llun byw'?

Mae'r ddynes sy'n gwisgo perlau i'w gweld yn drist, fel petai hi rioed wedi siarad â neb ond â'i henaid ei hun. Dwi'n ei gwylio hi, ac mae hi'n fy ngwylio i, ei llygaid yn llonydd, ddigynnwrf ar ganol y Sgwâr a hithau'n tynnu at amser cinio yn un o ddinasoedd cyfoethocaf yr Almaen lle mae trefn i bopeth a'r rhan fwyaf o bethau'n *verboten* ar wahân i edrych i lygaid dieithryn, yr edrychiad sefydlog, Almaenig yna sy'n rhan o brofiad totalitaraidd y genhedlaeth hŷn, ond sydd heddiw'n sgwrs wahanol: fy llygaid i'n dweud 'Helô' a'i llygaid hi'n dweud 'Pwy, fi?'.

Mae'r ddynes â'r perlau'n symud tuag ataf fi'n araf a bwriadol, yn dal i syllu. Mae'n dal i ddod, dal i ddod. Mae'n sefyll o mlaen. O'n cwmpas mae pedleriaid digartref yn gwerthu cylchgronau clustlipa, ymchwilwyr i'r farchnad yn mynnu atebion i'w holiaduron, actifyddion a'u trwynau yn wyneb siopwyr didaro, gwerthwyr *Pretzels* a hufen iâ, seiri cloeon a dosbarthwyr ffleiars ffilm, i gyd yn chwyrlïo o gwmpas y Sgwâr am y gorau i dynnu sylw, a hithau yn ei pherlau cyn ddistawed â'r meirw yn cael y sylw pennaf. Mae'n sefyll yn union o mlaen. Yn ddiarwybod i neb ond hi dwi'n symud fy llygaid, dwi'n dewis blodyn, rhosyn pinc yn arwydd o addfwynder, yn fynegiant o gydymdeimlad. Dwi'n symud fy mraich gan bwyll bach i'w estyn iddi. Yn rhydd am eiliad o'm hystum caethiwus mae fy llygaid yn dawnsio diolchgarwch iddi. Mae hithau'n gwenu arnaf, yn gollwng arian i'r het, ac yn troi'n dawel i dyrfa'r stryd.

Hen ŵr a'i ddillad yn blastar o lwch baco, penlas yr ŷd i ti. Tincial sents. Efeilliaid yn eu ffrogiau gingam a'u gigls, eu hwynebau mor berffaith dlws, fel tasa Michelangelo ei hun wedi eu cerfio. Wyneb dwbwl, tincial dwbwl.

Das Maiglöckchen i chi, ferched, lili'r dyffrynnoedd. Offeiriad ifanc tal yn gwisgo casog a het Saturno, llaswyr yn ei law, y Tad Bernard, mae pawb yn ei nabod, yn cerdded yn hamddenol drwy strydoedd canol y ddinas yn rhannu'r Efengyl â phwy bynnag sy'n fodlon gwrando. Blodyn yr haul mawr melyn i ti, Padre, yn llawn edmygedd. A bendith i minnau. 'Gott segne dich.'

Llun? Dim problem. Does dim y galla i ei wneud am hynny p'un bynnag, mae'n wlad rydd a dwi'n sefyll mewn man cyhoeddus. O! Rydach chi am eistedd wrth fy nhraed. Popeth yn iawn ond gwyliwch y blodau.

'O diar. Fasa'n dda gen i tasan nhw ddim wedi codi'r siop yn union yn fanna.'

Dwi'n edrych yn araf i'r chwith ac yn gweld baner hyll ar y siop tu cefn i mi. Tynna lun o'r goeden, nid y goedwig gyfan. Fi a'r cariad, nid y Sgwâr a'i fam. Rhywun gymryd y ffôn o'i llaw.

Fel tasai wedi clywed fy llais, mae dyn ifanc yn plygu ati, yn ei hanfon i ganol y llun, ac yn clicio'r botwm. Dwi'n cynnig blodyn i'r ffotograffydd caredig. Ond mae'n troi draw. Hei! Mae gen i flodyn i chdi.

'Nimm die Blume! Cymer y blodyn!'

Mae'r dorf yn anniddigo. Mae'r dyn yn troi yn ei ôl, yn derbyn y lelog, ac yn cusanu fy llaw fach arian.

A thaflu i'r het.

Weithiau mae'n rhaid eu gadael nhw i fynd. Dros amser mi ddois i ddeall nad pawb sydd eisiau blodyn ar daith bywyd. Does ganddyn nhw ddim llaw i ddal blodyn.

A dyna'r blodyn olaf wedi mynd. Neidiais oddi ar y llwyfan, ei chodi ar fy nghefn a'i chario'n ôl i sinema'r Gloria. Helpais fy hun i ddyrnaid o bopcorn. Syrthiais yn swp ar hen soffa yn y gongl ac ymestyn fel jagwares. Mwythais fy nghrimogau a magu mreichiau. Wyddwn i ddim beth i'w wneud gyntaf, pob cymal a chyhyr yn swnian a'r popcorn fel glud rhwng fy mysedd.

Estynnais at yr het. Fyddai hi'n talu'r rhent? Arllwysais ei chynnwys dros y bwrdd ac ni allai'r Cybydd ei hun fod yn fwy awyddus na fi i gyfri'r elw. Roedd pwysau mawr o newid mân, rhes o ewros, sawl darn dau, un papur pump – ac un papur deg, y wraig â'r perlau. Dyna 52€ mewn awr a hanner. Dim yn ddrwg ar y cais cyntaf. Byddai'n cymryd drwy'r dydd i ennill hynny yn gwerthu popcorn. Ta ta, Gloria.

Fory bydd yn rhaid brwydro yn erbyn yr un môr o ofidiau, y diffyg hyder a'r cywilydd, a gwneud yr un peth eto.

ß

Yn sydyn iawn rydan ni ym mhobman, ein llonyddwch ni'n llefaru a'n tawelwch ni'n traethu llyfrau, y cerfluniau byw sy'n gwbl ddigyffro. O ble daethon ni? I ble ydyn ni'n mynd dros y gaeaf? Cymaint o gwestiynau. Beth ydi'r pwynt? Beth ydi'r naratif? Oes mwy iddi na hyn?

A'r cwestiwn mwyaf o ddigon, yr un maen nhw i gyd yn ysu i ddod o hyd i ateb iddo: sut gallwn ni wneud iddyn nhw symud?

Mae pawb yn teimlo'n fwy hamddenol ar ôl sefyll i edrych ar gerflun. Anadlu'n ddwfn ac yn araf, dyna'r gyfrinach, yn isel i'r bol, yna i'r frest, i greu rhith o ansymudedd. Mewn ffordd gyfrin, mae'n dylanwadu'n drwm. Nid pawb sy'n deall mod i'n berson go-iawn, ac yn hynny mae'r twyll. Maen nhw'n dychryn pan dwi'n wincio arnyn nhw'n llechwraidd, neu'n nodio'n gyfeillgar. Maen nhw'n gwyro ymlaen mewn penbleth. Welson nhw'r cerflun yn symud? Nòd arall. Maen nhw'n syfrdan, ac yn troi at y person nesaf atyn nhw.

'Ydi'r cerflun yna'n symud? Ydio'n fyw?'

Os galla i greu eiliadau o gyswllt rhwng un person a'r llall dwi wedi llwyddo, wel bron iawn – mae wastad y mater bach o gael tâl am fy nhrafferth.

Dwi'n hoffi meddwl. Sefyll yn stond i synfyfyrio. Nid hel meddyliau am bethau drwg allai ddigwydd, nid dyna dwi'n ei wneud, ond meddwl. Ystyried. Meddwl meddyliau hardd. Weithiau mae'r profiad o sefyll yn llonydd ac anadlu'n araf yn mynd i deimlo fel myfyrdod. Mae amser yn cerdded yn gyflym mewn stad o'r fath, felly rhag i mi syrthio dwi'n edrych faint o'r gloch ydi hi o bryd i'w gilydd. Plicio'r faneg arian yn ei hôl a sbecian dan y llawes aur. Mae hynny ynddo'i hun yn cymryd deng munud. Mae'n rhan o'r act. Wedyn dwi'n tynnu hances o'm llawes a gwneud triciau hefo hi. Papa ddysgodd imi wneud triciau hances sidan, nes bod pobol yn chwerthin a rhyfeddu.

Ydach chi wedi gweld cerfluniau byw erioed? Dod atom ni? Estyn eich bys allan i weld ydan ni'n fyw? Ydach chi wedi eistedd yn ymyl hen wraig ar fainc yn Covent Garden a thrio codi sgwrs? Cuddio oddi wrth angel mawr adeiniog yn Times Square? Naddo wir?

Dowch draw i'r Schlossplatz i ngweld i. Os na fydda i'n fanno dowch i Sgwâr y Farchnad. Haf a gaeaf. Yn y gaeaf mae gen i dric hefo hances sidan wnaiff eich syfrdanu. Tynnu hances drwy fflam cannwyll heb ei llosgi, heb hyd yn oed ei rhuddo. Dim marc arni. Dwi'n defnyddio hances wen i bawb gael chwilio am y marciau du – a does dim smotyn o barddu na deifio na dim i'w weld arni. Dirgelwch, meddai'r dyrfa; maen nhw'n crafu talcen a gwgu'n ddiddirnadaeth. Plant bach yn tynnu ar odreon fy sgert, cystal â dweud 'Sut wnest ti hynna?'. Ydach chi am gael gwybod sut, blantos bach? Trowch hances sidan yn silindr, a'i thynnu drwy fflam cannwyll yn araf bach heb stopio. Yr 'ond' mawr ydi hwn: ond, sociwch hi'n gyntaf mewn dŵr a boracs a Hei! fedrai'r tân mawr ei hun mo'i llosgi.

Dwi'n aml yn meddwl am Gerhard pan dwi'n sefyll yn fama yn gwneud tric y fflam dân. Mae Gerhard yn Brotestant mawr. Dwi'n hoffi Gerhard er ei fod o'n gwisgo sanau hefo sandals. Dyn tŷ a stiwdio, dim dyn yr awyr agored, ydi Gerhard. Fyddai hyn ddim yn gwneud y tro o gwbwl iddo, sefyll ar ben bocs. A fydda fo ddim yn edrych yn iawn, ddim yn argyhoeddiadol o gwbwl, ddim yn twyllo neb. Mae'n rhaid i chi deimlo'r heddwch tu mewn cyn medru ymddangos yn heddychlon ar y tu allan. Byddai wedi gwallgofi tasa fo'n gorfod edrych arnyn nhw'n gwau fel morgrug drwy'r Schlossplatz, amser yn pwyso'n drwm ar ei sgwyddau, meddyliau'n crymu'i war, un gofid ar ôl y llall yn rhedeg yn gylchoedd gwyllt drwy'i feddwl, cŵn cynddeiriog yn erlid eu cynffonnau. Dim datrysiad a dim heddwch.

Dwi'n ddigon ffond ohoni ond fedar dyn dall weld ei bod yn ei droi o gwmpas ei bys bach. Pan maen nhw hefo'i gilydd wrth y tân ambell gyda'r nos fydd hi'n gofyn am jin. Dydi o ddim yn hoffi iddi yfed o'r botel, dydi o ddim yn hoffi iddi yfed o gwbwl ond mae hi'n mynnu ac mae o'n ildio. Dydi o ddim uwch ei barch. Popeth yn iawn am hynny medda fo. Mae hi'n haeddu dipyn o gysur yn ei dioddefaint. *Pwy* sy'n dioddef?

Nid pawb sy'n hoffi bod yn ymyl cerfluniau byw, maen nhw'n codi croen gŵydd ar ambell un. Nid ei bod yn well ganddyn nhw fynd o'r tu arall heibio yn hollol, ac nid nad ydyn nhw'n taflu arian i'r het, nid dyna'r anhawster hyd yn oed i Swabiad. Maen nhw i'w gweld yn taflu'n llechwraidd, cadw'u pellter, eu llygaid yn glynyd i'r llawr yn eu trafferth i osgoi cyswllt llygad â cherflun, gwenu ar gerflun. Fyddwn innau wedi bod yn un o'r rheini cyn i mi sylweddoli beth oedd y pwynt, beth oedden nhw'n drio'i gyflawni.

Nid sefyll yn llonydd ydi'r gamp. Fedar pawb sefyll yn llonydd petai raid. Amseru'r symudiad ydi'r gamp. Pryd i symud. Pryd i symud er mwyn cynnwys pobol, cysylltu.

'Hei! Chdi!'

Heclar?

'Hei! Chdi! Mae dy sgert di'n chwythu dros dy ben di!'

Heclar. Y Brenin Ad Hominem. Dydi heclo ddim yn digwydd yn aml, does neb am fod yn snich cyhoeddus ar ganol stryd fawr. Mae'r rhan fwyaf o bobol yn cael colic ym mhwll eu stumog dim ond darllen adnod yn yr eglwys. Un bach diniwed ydi hwn, un o'r rhai gafodd ei esgeuluso gan ei fam, heb gael digon o sylw. Dim i'w gymharu â rhai o'r plant powld sy'n reidio'u sgwteri'n syth i nghoesau i, neu'r hen wrach daflodd ei dannedd gosod ata i cyn rhedeg yn ôl i'w hogof. Sglyfath. Ond ti'n iawn am un peth, mae'n anodd edrych fel cerflun pan mae'n ffrog i'n chwyrlïo. Mae'n blagus perfformio ar ddiwrnod gwyntog. O wel, dalia i wenu, Viktoria, mae terfyn ar bopeth dim ond aros yn ddigon hir.

Mae'n tynnu stumiau. Mae'n hanner troi ar ei sawdl a mynd am adre, ailystyried, dod yn ei ôl, gweiddi mawr.

'Ti'n meddwl mod i'n cael fy nhwyllo? Taswn i angen sbot o gomedi goesnoeth fyddwn i'n eistedd ym mar yr UHU!'

Weithiau dwi'n agor fy mreichiau a gwasgu'r heclar ataf, ffordd dda o'i ddychryn a'i dewi. Mae'n hen bryd cau ceg hwn. Dod yma i ngweld *i* wnaeth y crowd. Dwi'n plygu'n osgeiddig at fy nhraed, codi potyn bach plastig, sythu nghefn, a dechrau chwythu bybls ato. Mae'r dyrfa wrth ei bodd. Cystal rhoi gwerth eu harian iddyn nhw. Ond mae'n dal i floeddio yn fy wyneb a jabio fy mraich. Ond pwyll pia hi. Cofia am y ferch ddiddwylo; aros yng nghroen dy gymeriad. Sŵn clwcian ieir, mae'r dyrfa'n troi arno.

'Dos adra'r lembo!'

Oes, mae pen draw i bopeth. Neidiais o'r llwyfan a gweiddi fel banshî, HEGLA hi o'ma!

Welais i byth mohono wedyn ond dwi'n cofio'n annwyl amdano bob dydd. Cefais lond het o arian, digon i brynu côt.

ß

Pedwar maer mewn 70 o flynyddoedd. Dyna rywbeth i feddwl amdano wrth i mi wynebu Neuadd y Ddinas a'r cloc mawr a'i *glockenspiel* yn awdurdodi dros Sgwâr y Farchnad. Dwi allan yn gynnar bore heddiw i weld pa mor hael ydi'r cymudwyr sy'n hel yn gynffon ar gornel y Sgwâr i brynu *espresso* a brecwast mewn bag. Mae'r paternoster yn Neuadd y Ddinas yn brysur ers oriau yn symud ar lŵp araf a'i deithwyr yn neidio arno, neidio oddi arno, yn cario gweision sifil a ffeils dan eu ceseiliau o lawr i lawr, a gweinyddwyr brwd yn mynd o swyddfa i swyddfa yn danfon coffi a phost a pharch dyledus i'w gwell.

Dyna lle mae Papa, un o'r rhai gwell, a Mama yn y farchnad gerllaw yn hel cynnyrch lleol yn swper iddo, y naill a'r llall yn rhy brysur i feddwl am y gwesty sydd yma dan eu traed. Safle cyfleus yn union yng nghalon y ddinas. Gwesty'r Byncar, lle bach handi i fil, tair mil yn nyddiau'r cyrchoedd awyr. Neb yn aros yno heddiw siŵr iawn, dim ond crics a cocrotsis.

Ddoe mi sylweddolais y byddai'n rhaid i mi ddod o hyd i ystum haws ei gynnal neu fydd gen i ddim pengliniau mewn pum mlynedd. Beth sy'n haws na sefyll? Sefyll a'm pwys yn erbyn wal, dyna beth. Defnyddio llai o egni a dibynnu ar yr esgyrn nid y cyhyrau, cadw'r breichiau'n isel ac yn agos at y corff, traed led ysgwydd ar wahân, a dim ystumio nghefn bob siâp. Byddai hynny'n ddechrau da. A symud yn amlach i ystum newydd cyn i'r cramp daro. Troi nhrwyn ar fân rwystrau a mân gosi a darpar disiadau.

Mi ges i foment Eureka! tuag un o'r gloch y bore. Daeth imi yn heddwch y nos y gallwn ddenu cynulleidfa drwy ganu'r sielo. Arhosodd neb i feddwl a fyddai merch heb ddwylo yn medru canu sielo a phan maen nhw'n gadael arian dwi'n chwythu cusan atyn nhw. Dwi'n llawer mwy hyderus nag oeddwn i. Dim ond hanner diwrnod o berfformio heddiw, dwi'n mentro i faes newydd. Dwi'n mynd i fod yn enwog cyn nos. Dwi'n mynd i fod yn selebriti.

Pan ffoniodd gohebydd teledu i ofyn fyddwn i'n gwneud cyfweliad ar gyfer rhaglen ar sianel Arte am fardd o

Istanbul sy'n dod i Stuttgart i gyfieithu straeon Grimm i Gwrdeg, fu bron i mi â chwerthin. Oedd hwn o ddifri? Pwy fyddai'n credu'r fath stori? Roeddwn i'n poeni na fyddwn yn medru ateb ei gwestiynau, ond wyddoch chi ddim beth allwch chi ei wneud nes eich bod chi'n mynd amdani. Pan ydach chi'n gosod her i chi'ch hun, dyna pryd rydach chi'n sylweddoli pwy ydach chi mewn gwirionedd, a beth allwch chi ei wneud.

Chwerthin ddwedais i? Pan agorais i'r drws a gweld gohebydd hip yn sefyll yn y ffrâm, gadwch i mi ddweud wrthych chi mai chwerthin oedd y peth olaf ar fy meddwl. Felly, bobol ddiwylliedig Arte sy'n gwylio rhaglenni uchel-ael am y celfyddydau yn Ewrop, dyma i chi hanes Grimm fel y'i gwelir drwy lygaid Viktoria Johnson, Viktoria ar ôl fy nain, Oma Degerloch, a Johnson ar ôl Pop a Gram Califfornia a'r cenedlaethau a aeth o'u blaenau. Mae urddas y teulu yn y fantol.

Fues i'n clirio'r stafell fyw drwy'r pnawn yn barod ar gyfer ei ymweliad, cadw bwydach a phlygu'r bagiau plastig fesul un – mae'n bwysig ailgylchu. Sythais y print gan Gustav Klimt (*Die Fabel*, 1883) rhag ofn y byddai angen i mi eistedd tano i'r gwylwyr gael ei weld yn y cefndir, er yn bersonol y byddai'n well gen i tasan nhw'n gweld y ffrij Smeg sy'n y stafell fyw, dalais i ffortiwn am honna a'i dadmer a'i sgleinio cyn i'r dyn teledu gyrraedd. Wnes i hyd yn oed roi brwsiad i'r hen gês retro ar ben y cwpwrdd metal sydd â'i lond o geriach trydanol a cheblau cyfrifiadurol

– dan y caead mae popeth yn unfed ganrif ar hugain ond dydi o ddim i wybod hynny. Dwstio'r rhosyn nenfwd sy'n cylchu'r siandelîr. Pam mae pobol mor wirion? Feddyliais i eistedd wrth y bwrdd coesau Ffrengig sy'n rhy uchel i fod yn hen er mwyn rhoi'r argraff mod i'n fwy cosmo na'r rhelyw. Y soffa? Dim rhy gyfforddus. Llawr styllod derw neu'r teils mosaic ar lawr y gegin, gallai'r naill leoliad a'r llall siwtio Grimm yn iawn. Well i mi symud yr arwydd ffordd Viktoriastraße sydd uwchben y drws i'r gegin a'i guddio dan y gwely.

Silff lyfrau o Ikea, dim i'w wneud am hynny ond rhoi cerdyn post i sefyll arni, *Und Mama hatte mal wieder Recht*, a chystal cyfaddef bod hynny'n go agos at y gwir yn ei hachos hi, roedd bron yn amhosib gweld bai ar Mama annwyl. Taro llygad ar gynnwys y silffoedd yn y gobaith eu bod yn deilwng o ohebydd Arte. Cyfrol gan Leo N. Tolstoi, *Ausgewählte Werke – Erzählungen* diolch i'r drefn; Richard F. Zanner, *Mein Afrika*; Gottfried Keller, *Kleider machen Leute*; *Rom – City Guide*, *Verona*, *Wien*, *London*; *Barcelona für Kinder* – o ble daeth hwn? *Fructose-Intoleranz*; *Schönes Haar & Perfektes Make-up*; *Schwarzer Humor* – beth oedd hwn hefyd? Zsa Zsa Gabor, 'Der Pullover einer Frau sitzt richtig, wenn die Männer nicht mehr atmen können' – mae siwmper merch yn eistedd yn hapus pan nad ydi dynion, mwyach, yn medru anadlu. Caeais y llyfr yn glep a mynd yn ôl at y dwstio.

Pan ganodd y gloch roeddwn i bron â drysu, ac roedd yn rhyddhad mawr i wybod na fyddai'n bosib i mi lanhau'r un eiliad yn rhagor. Daeth i mewn o'r oerfel, yn gwisgo sbectol ffrâm drom allai roi clec i'w drwyn. Syrthiai ei wallt dros ei dalcen a gwneud iddo edrych yn fregus, hawdd ei glwyfo.

'Felix Lessing,' meddai ac estyn ei law.

'Viktoria Johnson.'

'Mae'n ddrwg gen i darfu arnoch chi mor hwyr y nos.'

'Dim problem.'

'Dwi'n ddiolchgar iawn i chi am eich amser a'ch arbenigedd.'

'Croeso.'

'Dwi'n sylweddoli mai chi yw'r prif awdurdod ar chwedlau Grimm a'ch bod chi'n arbenigo hefyd ar yr agweddau theatrig ar gyflwyno'r straeon.'

'Dach chi'n garedig iawn.'

'Mi osoda i'r offer ffilmio yn fama, os ca i.'

'Gwnewch eich hun yn gartrefol.'

O na, mae o wedi mynd i'r gegin a gosod ei gamera i wynebu allan i gyfeiriad y soffa saij. Well i mi newid o'r siwmper lwyd yma rhag i mi edrych fel niwl ar afon. Agorais ddrws y stafell wely ond gallwn deimlo ei lygaid yn fy nilyn. Dim gobaith newid. Teflais siôl dros f'ysgwyddau i dorri ar yr undonedd llwyd, gosod fy het goch ar ochr fy mhen a byddai'n rhaid i hynny wneud y tro.

'Gawsoch chi drefn ar y camera?'

'Barod i redeg.'

'Pan fydda i'n gwenu arnoch chi mae hynny'n golygu mod i'n sychu, felly symudwch i'r cwestiwn nesaf.'

'Siŵr o wneud. Ydych chi'n barod i ddechrau?'

'Barod.'

'Gwych. Dim brys.'

Rhoddodd eiliad i mi setlo.

'Pam ydych chi'n meddwl bod y bardd yma am gyfieithu chwedlau Grimm i Gwrdeg?'

Llyncais fy mhoer, a gobeithio'r gorau.

'Fe gyhoeddwyd *Kinder- und Hausmärchen* Jacob a Wilhelm Grimm am y tro cyntaf ychydig ddyddiau cyn y Nadolig yn 1812 ac ers hynny maen nhw wedi cael eu cyfieithu droeon a thro, i'r Saesneg a'r Ffrangeg ac i ieithoedd eraill Ewrop. Maen nhw'n cael eu hystyried yn llenyddiaeth blant orau Ewrop yn eu cyfnod, ac felly dydio'n ddim syndod eu bod nhw bellach yn cael eu cyfieithu i Gwrdeg. Maen nhw'n cael eu hastudio ar bum cyfandir – yn Harvard, Sydney, India, China, Japan, pobman.' Gwenais.

Atebodd â gwên eiddgar, a nodio'i ben.

'Beth yw apêl straeon Grimm?'

'Mae stori dda yn rhoi pleser, ac mae hi hefyd yn deud rhyw wirionedd hanfodol, wedi'i dynnu o storfa brofiad y Cread. Mae'r ddynoliaeth gyfan yn profi'r byd mewn ffordd sy'n gyffredin, a rhyw ffordd newydd o edrych ar yr un peth ydi'r rhain. Mae natur cyfeillgarwch yn bwysig, natur balchder, felly mae'r themâu yma'n fyw ac yn iach dros y byd i gyd, ac oherwydd hynny mae'r straeon yn hawdd iawn i'w gwerthfawrogi.'

'Ac un frawddeg gyffredinol i gloi.'

'Felly o ran stori, yn seicolegol, yn artistig, yn emosiynol, ac o ran dirnadaeth foesol, mae straeon Grimm yn mynd i roi boddhad i bawb, ym mhob man, ac ym mhob cyfnod.'

'I'r dim.'

Ffidlodd â'r camera i weld oedd popeth ar glawr ac i benderfynu oedd popeth i'r dim go-iawn. Mae'n debyg ei fod. Oeddwn i wedi glanhau'r fflat am oriau er mwyn siarad cyn lleied o linellau i gamera? Mae'n debyg fy mod. Deng munud wedi wyth ac roedd y camera'n dipiau ac yn cael ei roi'n ôl yn y cês. Ches i ddim cyfle i ddweud dim byd o bwys. Mae'n rhaid mai dynion mewn siwt a thei oedd yn cael dweud y pethau hynny a finnau'n ddynes sioe.

'Welais i neb yn gwneud ei waith mor gyflym.'

'Welais inna neb yn cyfweld mor ddiwastraff. Oes amser am goffi?'

ß

Cerddodd y ddau drwy strydoedd prysur Degerloch i'r siop goffi ar y sgwâr, hi'n cario yn ei hosgo holl hyder bod yn hardd ac yn dair ar hugain, fynta a gwên gyfforddus yn goleuo'i wyneb.

'*Macchiato* bach ffansi?'

'Diolch. Dim siwgwr.'

Ar eu ffordd yn ôl i'r fflat gwelsant dŷ bychan ac arwydd o'i flaen ei fod ar werth. Roedd yn fach, ond yn breifat. Dyna'i fanteision. Ei anfanteision oedd y pellter o'i swyddfa. Gwyddai'r ddau heb orfod rhoi dim mewn geiriau eu bod yn cynllunio'r dyfodol.

'Mae'n bosib bod ormod ar gael. Dyna nrwg mwyaf i, bod ar gael. Mi fyddai byw mor bell allan â hyn yn fantais.' Gwenodd.

'Fyddet ti'n rhannu'r lle yma hefo rhywun? Hynny ydi, petaet ti'n ei brynu?'

'Does gen i ddim cynlluniau ar hyn o bryd,' meddai, 'ond mae'n syndod pa mor gyflym mae'r diffyg-cynlluniau gorau'n gallu cael eu troi ar eu pen.'

ß

Eistedd dan aroglau'r lelog yn sipian *cappuccino*. Canol Mehefin yn Stuttgart. Merched busnes a merched bohemaidd yn cael hoe ddiwedd pnawn, rhai o gwmpas y bwrdd yn y fynedfa a'u coesau ynghroes wrth y ffêr a'u dwylo'n mwytho'r gwydr, a'r lleill yn gorweddian yn y parc, yn troi'n ddiog yn y gwres. Ond dydi pethau sy'n ymddangos yn braf ddim felly o reidrwydd, pan mae morgrug yn sniffian rhwng bysedd y traed a phryfed cop yn taenu eu gwe drwy wallt rhywun. Roedd Felix yn hwyr. Dim byd newydd yn hynny.

Aeth pum mlynedd heibio ers ein haf cyntaf gyda'n

gilydd yn Degerloch. Codwyd y cerrig o'r ardd, plannwyd mynawyd y bugail wrth y bocseidiad, gosodwyd gwyddfid yn y gwrych, ac mae hyd yn oed draed bach yn cerdded y llofftydd yn hwyr y nos pan mae'r ddau ohonon ni'n cerdded y landing a'n llygaid ynghau. Merch fach. Mia. Felly ers inni briodi mae gen i ŵr, merch, Oma Ingrid ac Opa Gerhard yn fwy nag oedd gen i cyn hynny. Yn enwedig Oma Ingrid. Mae hi'n llanw'r pafin. Does dim cerdded o'i chwmpas, mae'n llanw pob gofod ac yn rheoli pob diwrnod. Oma yw bywyd.

'Dwi wedi anghofio enw'r deryn mawr du yna. Hyll fel pechod. Mae'n dechrau hefo sŵn cy-cy-cy, dwi'n meddwl,' meddai Oma Ingrid un diwrnod.

'Condor?'

'Condor? Lle welaist ti beth felly?'

'Wyt ti'n gallu ei weld o, y deryn hyll ma?'

'Dim munud ma, nacdw.'

'Wyt ti'n ei glywed o weithiau?'

'Yndw siŵr. Mae o'n sgrechian yn y coed. Neffro fi bob bore.'

'Dim condor ydio felly.'

'Ddudis i, do?'

'Oes raid i ti wybod beth ydi'i enw fo?'

'Mae pobol yn disgwyl i mi gofio enwau pethau. Fedrwn i gofio'n iawn taswn i'n cael mwy o amser. Maen nhw'n rhuthro gormod arna i, ddim yn rhoi amser i mi.'

'Dwed wrthyn nhw am...'

'*Krähe*! Dyna fo – mi ddaeth yr enw'n ôl i mi o rywle. Dwi'n iawn dim ond i mi gael amser.'

'Ti'n hapusach rŵan nag oeddet ti cyn cofio?'

'Dim felly.'

'Be ydi'r iws cofio os nad ydio'n dy neud di'n hapus? Paid â trio cofio cymaint o bethau, Ingrid bach, does dim angen cofio enw bob dim. Faint haws wyt ti? Tyrd i'n helpu fi i newid y gwlâu, mi wneith fwy o les o lawer.'

ß

Daliai'n sownd yn fy ngarddwrn.

'Gwranda. Dwi angen help.'

'Sut fath o help?'

'Dwi angen benthyg sielo. I weld fedra i gofio rhai o'r tiwns.'

'Medri siŵr. Mae o fel reidio beic, unwaith ti wedi dysgu sut i reidio beic wnei di byth anghofio. Mae run fath hefo sielo.'

'Ti'n deud?'

'Os ydi rhywbeth yn dy fysedd di, yn dy gyhyrau di, mae o yno am byth, yn aros i neidio allan eto.'

Daeth dychryn i'w llygaid.

'Dwi ddim isio beic yn neidio arna i.'

'Nagoes siŵr. Jest cymryd beic yn enghraifft wnes i. Dwi ddim yn meddwl am feic o gwbwl. Meddwl am sielo ydw i, a pha mor hawdd ei drin ydi o.'

'Fedri di gael un i mi?'

'Medra, ddigon hawdd. Mae gen i sielo yn Degerloch. Tyrd draw hefo fi rŵan iti gael gweld sawl tiwn ti'n gofio.'

'Mae Mama yn deud mod i'n gwneud sŵn fel buwch yn bwrw llo pan dwi'n canu'r sielo.'

'Mae hi wedi marw rŵan, dy fam a'r fuwch.'

'A'r llo.'

Erbyn inni gyrraedd Degerloch roedd Ingrid wedi llwyr anghofio am y sielo ac wedi troi ei sylw at bleserau cwyno am y gwres, a defnyddio'i bag siopa fel ffan.

ß

Pan oeddwn i'n yr ysgol gynradd, bob dydd Gwener o'n i'n gyffro byw, yn methu clirio'r plât brecwast, methu rhoi fy llyfrau'n daclus yn y bag, methu rhoi'r sielo yn y cas. Dyma'r diwrnod roedd Frau Kerber yn penderfynu pwy oedd yn cael mynd â'r bochdew a'r gwningen wen adref am y penwythnos. Pwy fyddai'r ddau berson lwcus? Yn eu tro roedd yn rhaid i bob rhiant fynd drwy'r hunllef o gael bochdew neu gwningen yn eu cartref dros y Sul. Sicred â dim, daeth hi'n dro i mi. Roedd Papa yn gysgwr ysgafn. Clywais ef, gynted ag y rhoddodd ei droed ar y landing, ar ei ffordd tua'r crafu gwichlyd oedd yn dod o gyfeiriad y drws cefn. Lladron! Oedd y bochdew'n saff? Roeddwn yn nabod synau ein cartref hynafol, ond roedd hwn yn sŵn newydd. Dilynais Papa i lawr y grisiau i'r gegin – a dyna lle roedd y bochdew ar yr olwyn. Rhedodd rownd a rownd a rownd ar ei olwyn wichlyd fwy neu lai drwy'r nos a chyrraedd nunlla. Sgyrsiau Ingrid i'r sillaf.

Ond câi Ingrid ambell funud olau, pan fyddai dim yn well ganddi na sgwrs normal a honno'n troi'n facabr.

'Mae gormod o golur ar ferched heddiw,' meddai un bore dros goffi.

'Mae dynion yn gwisgo colur hefyd.'

'Ti'n deud? Popeth wedi newid ers pan o'n i'n ifanc.'

'Pawb am edrych ei orau.'

'Ceg a bochau fel robin goch gan bawb dan gant.'

'Well gen ti binc?'

'Well gen i ddŵr a sebon.'

'Mae rhai'n mynd dan y gyllell, ac yn bwyta'n iach ac ymarfer eu hymennydd a myfyrio –'

'Cyllell? Grasusau! I beth?'

'I gael edrych yn dlws.'

'Mae rhai pobol yn od, mae'n ffaith.'

'Maen nhw'n edrych reit dlws ar ôl dod atyn nhw'u hunain.'

'Dim posib.'

'Ydyn.'

'Nac ydyn ddim.'

'Mae'r lleill, sydd â phres, yn cael eu rhewi'n gorff nes bydd pethau wedi symud ymlaen ddigon iddyn nhw gael ffisig at eu cansar ac wedyn fyddan nhw'n cael eu dadmer.'

Ystyriodd Ingrid. 'Mewn ffrij?'

'Rhewgell.'

'Mam wen! Ydyn nhw wedi marw?'

'Fyddan nhw'n dod allan mewn can mlynedd a'n mwydro ni i gyd hefo'u straeon iasoer.'

Gwelai Ingrid gyrff di-rif yn sefyll yn rhes, fel y milwyr terracota ond eu bod yn wyn fel eira.

'Os nad oes gen ti ddigon o bres i gael rhewi dy gorff i gyd, gei di rewi jest dy ben. Mae pobol dlawd yn medru cael torri eu pen i ffwrdd, a'i rewi fo mewn tanc.'

'Rhewi dy ben tlawd mewn tanc. I beth?'

'I bobol sydd â thiwmor ar yr ymennydd neu salwch meddwl gael cyfle yn y dyfodol i fyw heb y pethau yna.'

'Dim ond y pen? Fyddan nhw'n cael dewis corff newydd o gatalog?'

'Bachu'r pen ar gyfrifiadur neu ffôn, siŵr.'

'O, bach! I beth?'

'Am gael byw am byth maen nhw. Pawb isio byw.'

'Ti'n deud?'

ß

Gwyliais Felix yn dod allan o'r adeilad gyferbyn, a thwr o fyfyrwyr wrth ei gynffon. Ffigwr urddasol a'i gamera Arte yn denu pob merch hardd, uchelgeisiol. Roeddwn yn gwisgo ffrog ddu blaen, am y pegwn â'r ffrog aur, yn y gobaith y byddwn yn edrych yn rhywun llonydd, heddychlon, llawn dirgelwch, os braidd yn flinedig.

'I ti,' meddai Felix.

'Diolch. Sut ddiwrnod gest ti?'

'Merched yn taflu'u hunain ata i o bob cyfeiriad. Cwffio drosta i.'

'Gallu mawr ydi gallu peidio.'

Agorais y papur lapio'n bwyllog, a phigo ar y tâp gludiog rhag rhwygo'r papur. Dwi'n hoffi papur lapio. Dwi'n hoffi'r lapiad hefyd, waeth befo ydio'n un crand o'r siopau mawr neu'n un y gallai mwnci hefo deg bawd ei glymu. Roedd hwn rywle yn y canol. Felix wedi'i glymu ei hun felly. Dim rhy wych, dim rhy wael. Dyna dwi'n ei hoffi am Felix. Dibynadwy. Hynaws. Yr un boerad â'i dad.

Oddi mewn i'r lapiad cymhleth, a'r haenen o bapur llwyd oddi tan hwnnw, a'r papur sidan oddi tan hwnnw eto, roedd CD. Dim syrpréis. Beth arall allai anrheg fflat fod? O dan y papur sidan, wele – Belle & Sebastian. Mae'n syndod beth sy'n gallu dod o ddosbarth nos mewn cerddoriaeth i bobol ddi-waith, noson meic agored, a phinsiad o hud a lledrith. Roedd gen i un o'u caneuon ar fy ffôn, 'The State I Am In', yn ddrws gwichlyd i'w byd rhyfedd a melys, doniol a sinistr. Pwyntiodd at y *cappuccino*. Pam lai? Roedden ni wedi colli un trên, waeth i ni golli'r nesaf hefyd.

Pan gyrhaeddon ni'r tŷ yn Degerloch roedd yr haul yn dal yn gynnes, a Mia ym mro breuddwydion. Gawson ni fil o fân bigiadau wrth hebrwng Gerhard ac Ingrid drwy'r chwiws at y car, miloedd ohonyn nhw'n codi o'r chwyn. Dyna ddrwg dadlawntio. Mae aceri o lawntiau yn y wlad a ffortiwn yn cael ei thaflu ar wrtaith a chwynladdwyr, y cyfan er mwyn addurn. Roedd ein gardd ni wedi ei throi'n llain tyfu bwyd a doedd dim angen prynu peiriant torri gwair gan nad oedd blewyn ofer yn unman.

'Sut oeddet ti'n gweld dy fam heno?'

'Tebyg i arfer. Dyna'i thrafferth fwyaf, mae hi'n edrych mor normal â neb, ond unwaith ti'n dechrau procio mae'n sbarcs i gyd. Wn i ddim sut mae Papa yn dal y straen. Os ydio hefyd.'

'Mae rhywun yn tyfu i mewn i'r pethau yma. Dechrau'n fychan, a thyfu'n fawr.'

'Biti ei fod o'n gorfod tyfu i'r cyfeiriad yna pan allai dyfu'n artist o bwys rhyngwladol.'

'Mater o ddewis, ac o ymroddiad.'

Fuon ni'n eistedd yno'n hir ac yn dawel tra oedd y nos yn syrthio dros ein sgwyddau.

'Mae dy dad yn un sy'n medru gweld drwy bawb heb gilio'n ôl oddi wrth yr hyn mae o'n ei weld; mae o'n gweld drwy Ingrid hefyd. Ond *mae* hi'n ei wneud o'n sâl. Dydio ddim yn ddigon craff i weld hynny.'

'Dyna'i broblem.'

'Hi ydi'i gariad a'i garreg rwystr o. Ei ffrind gora fo.'

'Fawr o ffrind.'

'Mae'n amhosib troi cefn arni. Does neb yn haeddu hynny. A ph'un bynnag, fydda fo'n gwadu ei hunaniaeth ei hun tasa fo'n gwneud hynny. Fedri di ddim gwarafun ei hunaniaeth i neb.'

'Ti'n iawn, debyg. Ti bob amser yn iawn.'

'Mm. Dyna pam wnest ti mhriodi fi.'

'Ti'n haeddu cweir.'

'Setla i am ddiod oer.'

Dwi jest yn eistedd yn fama'n aros i'r haul fynd, fi, y deryn ar y weiren, a'r smwddi gorau erioed.

ß

Pan gyrhaeddon ni dŷ Gerhard ac Ingrid i swper nos Sadwrn, roedd aroglau cabaits drwy'r tŷ a dim golwg o Ingrid yn unman. Roedd yn ei gwely.

Doedd dim arlliw fod swper ar ei ffordd. Cydiais mewn barclod a rhoi pasta i ferwi tra bod Gerhard yn torri puprynnau, y ddau ohonon ni'n symud yn rhwydd, un o gwmpas y llall yn y gegin gyfyng, a Felix yn dandlwn ei fam ac yn ceisio cael perswâd arni i godi. Na, doedd hi ddim eisiau swper, roedd hi wedi mynnu bod Gerhard yn berwi hanner cabatsien iddi. Ond roedd hi'n ffansïo pwdin. Daeth at y bwrdd fel plentyn pumlwydd, ei llygaid yn loyw wrth arogli'r sbeis a'r fanila.

'Dwi'n cael pwdin bob dydd Mercher yn y ganolfan hen bobol.'

Edrychodd Gerhard yn euog.

'Sut hwyl ti'n gael yna, Ingrid?'

'Iawn os ti'n licio petha felna. Gynta maen nhw'n ein sodro ni o gwmpas y byrddau i chwarae dominos. Un. Un, dau, tri. Un, dau. Un, dau, tri, pedwar, pump, chwech. Gen i bendro erbyn hynny a dwi'n mynd i biso i mi gael pum munud.'

'*Ingrid*!'

'*Mama*!'

'*Oma*!'

'Wedyn, os dwi'n eistedd yn fy unfan yn ddigon hir, mae rhywun yn siŵr o ddangos lluniau o Angela Merkel a Helmut Kohl, neu Marlene Dietrich a Leonardo Wilhelm DiCaprio, a gofyn i mi ddeud pwy ydyn nhw. Mynd ar eu cwrcwd ar lawr a sbio'n daer i fyny nhrwyn i. Weithiau does gen i ddim mynadd a dwi'n dechrau cnoi fala. Dwi'n canu iddyn nhw weithia, dros bob man, ac mae Monika'n dechrau canu wedyn. Mae'n copïo bob dim dwi'n neud. Dim taw arni. Canu'r un hen beth ar 'y nhraws i bob munud. Bob tro dan ni'n dechrau canu mae Dan yn dechrau crio nes bod pawb yn neidio i fynd â fo am dro rownd yr ardd. "Rŵan, Frau Lessing, pwy ydi hon? Rhowch eich meddwl ar waith." Dyna maen nhw'n ddeud, ac yn tapio'u talcen a stwffio'r llun dan llgada rhywun. Dwi'n smalio cysgu, neu'n deud y Forwyn Fair yn ateb i bob dim. Maen nhw'n crwydro i'r gegin am jinsan ar ôl sbel.'

ß

Cyrhaeddais y tŷ mewn da bryd. Socian ei bawd mewn dŵr a *bleach* oedd hi, a Gerhard ar fin cychwyn draw at Klaus.

'Barod, Ingrid?'

'Dwi'n brysur.'

'Be ti'n neud?'

'Lladd dafad.'

'Druan. Dangos i mi. Mm. Mae hi'n farw gorn. Barod i gychwyn?' Triais ei hwio i gyfeiriad y drws ond roedd hi'n gyndyn o symud.

'Lle dan ni'n mynd?'

'I'r clinic.'

'I beth?'

'I gael coffi hefo'r doctor.'

'Ffeind. Hefo doctor meddyg?'

'Hefo doctor meddyg. *Frau* Doktor ar hynny.'

Herciodd ddau neu dri cham. Safodd. 'Fydd ganddi gacen?'

'*Kaffee und Kuchen* ar y bwrdd am dri. Neidiwch i'r car, Madam.'

Gollyngodd Ingrid ei hun yn urddasol i'r sedd flaen, dim trafferth yn y byd. Caeodd Viktoria'r drws gan ollwng ochenaid o ryddhad. Cam un yn llwyddiannus. Ei chael allan y pen arall fyddai'r her nesaf.

Gyrrodd yn ofalus rhag cael gwaeth siwrnai nag oedd raid.

'Fedrai beic gyrraedd ynghynt. Bron na fedra i weld y

gwlydd yn tyfu'n y gerddi. Gwlydd da. Tatws fel dy sgidia di tanyn nhw.'

'Ti'n hoffi garddio, Ingrid?'

'Codi pys a ffa fel soseri. Cabaits fel platia.'

'Dda cael bwyd ffres o'r ardd.'

'Dda cael bwyd. Gaeafau caled a dim bwyd yn ddim gwerth i neb.'

'A dyma chdi rŵan yn galifantio mewn Merc, yfed coffi hefo doctor meddyg, a bwyta cacen yn lle cabaits.'

Chwarddodd Ingrid yn foliog. Roedd yn dal i chwerthin.

Agorodd Viktoria ddrws y car. Na, doedd hi ddim am ddod allan heddiw diolch, roedd ei chlun yn chwarae'r diawl.

'*Ingrid*!'

Doedd hi'n amlwg ddim yn ei hwyliau gorau. Cymaint o ddyffeians mewn un ddynes. Byddai'n bnawn hir.

'Well i ni symud yn reit handi. Dwi'n clywed oglau'r coffi.'

'Os ydi hi wedi'i ferwi fo fydda i'n ei boeri fo am ei phen.' Edrychodd Ingrid dros ei hysgwydd yn ofidus.

'Be sy, Ingrid?'

'Ydi'n iawn i mi agor y drws?'

'Yndi.'

'Achos di'n ddim gynnyn nhw fynd â fo.'

Cyn cyrraedd drws y clinic roeddwn wedi sefyll ddau gam o ddrws y teithiwr yn dal hufen iâ ychydig allan o'i chyrraedd er mwyn iddi ddod o'r car, roeddwn i wedi codi stympiau sigaréts oddi ar lawr rhag iddyn nhw losgi ei thraed, wedi canu 'Schlaf, Kindlein, Schlaf' i bâr o efeilliaid oedd yn croesi'r maes parcio yn eu pram, wedi clirio llwybr iddi drwy'r cyntedd cyn iddi erlid pawb â mop, wedi tynnu carreg o'i hesgid, ac wedi sychu ei thrwyn. Ac oedd, Ingrid, mi oedd hi'n hances lân, yn wyn fel camrig. Roedd drws Frau Doktor Carola Pfeiffer yn olygfa dlos. Roedd eistedd gyferbyn â hi yn wynfyd. Dy dro di ydi hi rŵan.

'Frau Lessing, dwi am ofyn rhai cwestiynau i chi. Pwy ydi Canghellor yr Almaen?'

'Lle mae'r coffi?'

'Ddown ni at hynny mewn munud. Ydych chi'n gwybod pwy ydi Canghellor yr Almaen?'

'A'r *Kuchen*. Lle mae'r *Kuchen*? Mae'n amser *Kaffee und Kuchen. Pflaumenkuchen*, lle mae'r *Pflaumenkuchen*?'

'Wrth gwrs, Frau Lessing. Ond roeddwn i'n meddwl gofyn i chi'n gyntaf am eich siwrnai yma heddiw. Sut ddaethoch chi draw?'

'Ar feic. A dwi'n mynd yn ôl mewn car. Wnes i basio mhrawf gyrru tro cyntaf, ar y pumed o Ionawr ddeugain mlynedd yn ôl a dwi ddim wedi achosi damwain ddim unwaith ers hynny. Dwi'n dreifio'n wych. Allwn i fynd â chi i München rŵan munud yma tasach chi isio. Berlin. Rwla.' Pwyntiodd i gyfeiriad y drws, fel petai Berlin yr ochr draw iddo.

'Frau Lessing, gawsoch chi ddiwrnod da ddoe? Beth fuoch chi'n ei wneud?' gofynnodd y Frau Doktor.

'Dim byd.'

'Mae hynny'n swnio'n heddychlon iawn.'

'Dwi ddim isio bod yma. Ges i'n llusgo yma. Dwi isio Gerhard. Dwi'n ei nabod o ers o'n i'n fabi.'

'Mae Herr Lessing yn hyfryd iawn. Ond fe hoffwn innau eich helpu chi hefyd. Gaf fi drio eich helpu chi cymaint ag y medra i yn absenoldeb Herr Lessing?'

'Dwi isio mynd adra. Dwi am fynd rŵan i ddal ambiwlans yn ôl adra.'

Cododd Ingrid yn drafferthus.

'Beth am goffi a chacen yn gyntaf? Ac wedyn gawn ni chwilio am ffordd adref.'

Arweiniodd Frau Doktor Pfeiffer hi wrth ei llaw a Viktoria yn eu dilyn o bellter. Cawsant jwg o goffi a phlatiad o darten blwms cyn setlo'n ôl o boptu'r ddesg.

'Frau Lessing, ydych chi'n cofio beth ddigwyddodd ddoe?'

'Dwi'n cofio un tro pan oeddwn i o fewn *hyn* i gael fy lladd! Dwi'n cofio mrawd yn dianc o'r tŷ ar ei foto-beic a finna'n reidio piliwn. Wnes i oglais Hans dan ei gesail a'r peth nesa…'

Dechreuodd grio a chrio, a chododd ei bag ffelt i'w hwyneb i sychu ei dagrau.

ß

Fuodd fawr o drefn ar Ingrid ar ôl y diwrnod hwnnw. Roedd hi fel afal oedd wedi'i adael ar y goeden yn rhy hir nes ei fod o'n bwdr a ffrothiog, yn ffromi am y peth yma ac yn pwdu am y peth arall bob yn ail.

Mae'n rhaid fod sgyrnygu Ingrid ar feddwl y ddau ohonom, achos mwya sydyn cydiodd Felix yn fy llaw a'n llusgo fi a Mia drwy'r drws ffrynt i ddawnsio'n yr eira, y plu'n glynu fel grisial ar donnau ei gwallt – du ar fin troi'n biws y plwms roedd Ingrid mor hoff ohonyn nhw, mor dywyll â'r nos roedden ni'n byw yn ei chanol.

Roedd hi'n ddychryn o oer ar y noson fawr honno pan oedd yr eira'n pluo'n ysgafn dros goed yr ardd, mor ddel â darlun, a'r awyr uwch ein pennau'n dal ei hanadl.

FELIX

GES I NGENI'N fabi pum cilo, bron nad oeddwn i'n cerdded.

Doedd gen i neb 'parod' i chwarae hefo nhw fel sydd gan fechgyn sydd â brodyr. Treuliwn ddyddiau'r haf yn y goedwig, yn hela baeddod gwyllt a nghleddyf yn dynn yn fy nyrnyn bach. Fues i'n hir cyn sylweddoli bod treulio cymaint o amser yn siarad â fi fy hun yn fy siwtio i'r dim. O'n i'n hoffi nghwmni fy hun; dwi'n cofio'r diwrnod, dwi'n cofio'r awr a'r lle, pan sylweddolais mod i'n fy hoffi fi fy hun. A fesul llinell a blewyn mi fagais i gryfder mewnol, y cryfder hwnnw oedd ei angen arna i i dyfu'n awdur. Llosgodd y syniad tu mewn i mi am flynyddoedd, a doedd dim allai ei ddiffodd.

ß

Ddaeth hynny ddim i fwcwl, ddim yn union. Rhaglenni dogfen ydi mhethau i. Mae gen i ddiddordeb mewn etifeddeg, sut mae niwed nad ydio'n cael ei drafod, sy'n cael ei gadw yn y teulu, yn effeithio ar y cenedlaethau sydd i ddod: mam awtistig, heb gael diagnosis dim ond rhyw hanner symtom yma a hanner odrwydd acw, Opa ambell ffrind wedi difa'i hun, neu dad un arall wedi'i ddirdynnu gan brofiadau rhyfel. Mae fel rhoi inc coch mewn dŵr eirlysiau.

Ac i ddod at y pwynt yn syth – Mama. Dydi Mama ddim yn arbennig o gryf ei hegwyddorion, dwi wastad wedi gwybod hynny. Dipyn o seirenes fu hi erioed a'i chanu'n llithio morwyr diarwybod i'w distryw ar y creigiau. Hwylustod a golwg pethau, mae hynny'n bwysig iddi, yn enwedig golwg pethau. Hi a'i dillad unlliw, byth ddillad streip rhag i neb feddwl ei bod hi'n gwisgo siwmperi wedi'u gwau gartref o sbarion pobol eraill. Roedd Mama wastad am edrych fel Brenhines Lloegr, yn gwisgo dim ond un lliw cryf er mwyn i bawb gael ei gweld. Y ffrog roedd hi'n ei gwisgo pan welodd Papa hi gyntaf, dyna enghraifft dda, ffrog y goncwest. A het. Mae Mama'n ddynes hetiau.

A Papa hefyd o ran hynny. Chofia i mohono fo'n mynd drwy'r drws heb wisgo un o'i hetiau – het bob dydd a het ŵyl a het ar gyfer tro bach i'r eglwys ar fore Sul. Roedd gwaith i hetiwr ar bob stryd fawr ers talwm, het i'r *Bergführer* ei gwisgo wrth arwain teithwyr drwy'r Alpau, het werdd yr helwyr, *Sternklopfer* y bugail a *Berghut* y fforestwyr, pawb yn gwisgo'i het â holl angerdd balchder.

Mam fy nhad oedd Oma Lessing. O'n i'n caru Oma Lessing i'r lleuad ac yn ôl. 'Ti'n gwybod, Oma, pan o'n i'n bedair heb yr hanner, o'n i'n methu gwneud hyn – cracio wy i bowlen.' Neb yn rhuthro i achub na'r bowlen na'r wy. Roedd hi wastad yna, yn darllen i mi, chwarae cardiau, cicio pêl-droed, gwylio'r teledu. Dim ond pan oedd hynny'n ffitio'i chynlluniau hi oedd Oma Heslach ar gael, a phan oedd hi ar gael roedd hi braidd yn ddiflas. Debyg i Mama, byth ar gael, ond beth bynnag arall oedd hi doedd Mama *byth* yn boring.

Tŷ Oma Lessing yn yr hydref, dyna'r peth gorau yn y byd. Pwmpenni, a dail yn disgyn. Falau i'w bwyta'n gyfan neu i'w pobi hefo'r tatws fin nos, dewis yr afal mwyaf a'i sgleinio yn erbyn clun fy nhrowsus, aroglau seidr newydd, yfed sudd oedd wedi'i wasgu'r bore hwnnw, hanner ffansïo'r gwinoedd a'r finag, taswn i haws. Eirin gwlanog, gellyg, cnau Ffrengig, aeron – popeth yn ei dymor.

Nid mod i wedi cael fy magu'n hogyn wedi'i ddifetha er mod i'n unig blentyn. Dwi'n cofio i ni fynd ar wyliau i'r Allgäu rhyw haf, dyna lle mae pawb ffordd yma'n mynd ar wyliau. Mae'n rhaid mod i tua deuddeg oed. Mi es i â'r sielo yn y bŵt rhag i mi golli gafael ar yr holl sgêls ac arpegios roeddwn i wedi'u meistroli drwy chwys a llafur drwy'r gaeaf, ac mi ofynnodd Mama i'r cymdogion ddod i wrando arna i'n ymarfer a dyma fi'n dechrau ar 'O Tannenbaum' ac erbyn i mi gyrraedd y trydydd bar mi siglodd un ei ben a dweud '*Dim* siâp ar yr hogyn' a dringo'r grisiau'n ôl i'w fflat.

Mewn byr o dro roeddwn i'n dal fel gwialen, ac yn gwisgo trôns o sidan main, llaes at fy fferau, o dan fy jîns Boss. Dotio at Hugo Boss. Mae lot o waed Mama ynof i felna. Hoffi steil, ond dda gen i ddim *diodda* er ei fwyn, yn wahanol iddi hi. Dwi'n un sy'n licio dau blyg o ddillad am 'y nghoesa gefn gaea.

O'n i'n ddiniwed iawn, o edrych yn ôl. Nid nad oedd gen i uchelgais – mae gan bob unig blentyn ei uchelgais wrth iddo fo dyfu'n ddyn. Mae pawb am fynd un cam yn well, am weld cynnydd ar y gorffennol. O'n i a'n ffrind Paul wedi penderfynu, yn un ar bymtheg oed, na fydden ni'n priodi neb nad oedd yn siarad fel llyfr, yn brydferth a chain. Pharodd y penderfyniad ddim yn hir. Welson ni gip ar baradwys pan welson ni Lina wrth y pwll nofio yn y parc, yn balansio ar un droed a thrio gwisgo hosan am y llall, yn gweiddi ar ei mam i ddod i'w helpu a honno'n gweiddi saith mwy fod ganddi ddigon i'w wneud hefo'i thad cripil heb orfod stwffio bodia gwlyb i drwyn hosan. Paul enillodd. Roedd o'n briod o fewn blwyddyn, yn dad ymhen dwy, ac yn weddw cyn ei fod yn un ar hugain.

Sut allai mam i fabi farw? Dyna'r cwestiwn. A beth ddaw o fabi blwydd heb fam? Dyna sut ddois i'n dipyn o athronydd. Potsian hefo etifeddeg. Does neb yn berffaith, neb â genynnau di-fai. Dyna i chi Mama, mae'n ddirgelwch llwyr. Cwbwl annirnad. Mae'n honni bod yn hogan o'r wlad, ond un o'r rheini sy'n mopio ar y golygfeydd ac yn tagu a mygu ar y drewdod ydi hi go-iawn. Cŵn a cheffylau – fedar hi neud dim â nhw. 'Awn ni adre rŵan cyn i'r tylluanod bigo tyllau yn ein llgada ni.' Dyna fyddai hi'n ddweud ar ôl hanner awr yn y wlad.

Rydan ni'n licio ei dweud hi fel dan ni'n ei gweld

hi. Does neb yn meddwl dim gwaeth ohonoch chi am hynny. Dyna sut na ddaru ni sylweddoli, mae'n debyg. Gair siarpach na'i gilydd, ambell ateb a'i naws yn ymosodol.

'Fuoch chi'n hir iawn, eich dau,' meddai Mama un bore. 'Lle buoch chi?'

'Yn siopa'n Lidl.'

'Ydio wedi symud?'

Wrth i mi dorri cefn chwarter lemwn a'i wasgu i'r jin, roeddwn i wastad yn teimlo mod i'n ochri â hi yn lle mod i'n sefyll ar dir cyffredin. Wnaeth Papa erioed gymodi â'r ffaith fod Mama'n llyncu jin ar y slei er ei fod o'n gwybod yn iawn ei bod hi wrthi. Ac roedd Mama'n gwybod bod Papa'n gwybod, ac yn gwybod bod yr hanes yn dew ac yn denau ym mhobman ac yn destun siarad i bawb, a dyna un rheswm pam roedd fflam eirias o hunangasineb yn codi'n dafod o dân ynddi o bryd i'w gilydd. Ac wedyn yn llosgi'n fud. Gwylio cloriau'i llygaid yn cau, llacio'r gwydryn o'i gafael.

Mynd allan i wagio'r bin ac anghofio dod â fo'n ôl i'r gegin – ei adael i sefyll yn y glaw. Pethau bach felna.

Rhedais i lawr y grisiau ddwy ar y tro un bore a lluchio dillad budur i gyfeiriad y peiriant golchi. Rhy hwyr. Roedd y drwm yn troi.

'Mama – wnest ti ddim aros am fy nillad i.'

'Roedd y peiriant yn llawn. Fe wna i ail olch.'

'Na, dim ots. Dim brys.'

Doedd o ddim yn edrych yn hanner llawn, ond pwy o'n i i ddadlau?

Roedd yr haf hwnnw'n un da. Roedd Papa yn ei anterth, er bod ei wallt fel f'un i bron yn wyn. Mae pawb yn sôn am lais Mama ond Papa sydd â'r llais, fel gong, yn isel a chyfareddol. Mae'n ddigon ohono'i hun i amgylchynu ei wrandawyr, lasŵ o lais sy'n eu tynnu nhw ato fo. Dyna'r peth mawr am Papa, wnaiff o byth eich troi chi heibio. Dach chi'n gwybod eich bod chi'n saff hefo Papa.

Ddigwyddodd dim byd mawr. Heicio, beicio, cysgu mewn gwely ffrâm haearn, cysgu ambell noson mewn pabell – teulu oedd â chloeon dwbwl a tsiaens ar ddrysau'r tŷ yn chwyrnu'n hapus mewn pabell agored yng nghanol cae – a Papa a'i goffi a'i bapur newydd yn gwrthod codi'i olygon i lens y camera er gwaethaf ymdrechion Mama i dynnu ei sylw. Ddaru hi roi'r camera i mi yn y diwedd a goglais Papa o dan ei ên nes ei fod o'n gwenu i'w llygad, neu felly dwi'n cofio pethau, ond roedd y lluniau'n dyst fod rhywbeth yn ei lygad o'n adrodd stori arall. Goleuadau bach anesmwyth.

Noson olaf y gwyliau ydi'r un orau. Band yn chwarae yn y pellter a ninnau'n dawnsio i'w rythmau, seren o goelcerth ar lawr y dyffryn, lanterni bob lliw yn crogi ar ddrysau'r tai gyferbyn, ac aroglau cig yn ffrwtian ar radell. Sut allen ni fyw heb y rhain am flwyddyn gron?

Dwi'n cofio diwrnod o aeaf hefyd, dim ond wythnosau'n

ddiweddarach. Haf crasboeth a gaeaf cynnar, felly oedd pethau'r flwyddyn honno.

'Felix, wyt ti'n dod am dro hefo ni?'

Dim peryg. Chwipiai gwynt hyrddiog dros y dirwedd gan godi'r eira'n lluwch.

Ond unwaith mae'r ddau wedi diflannu dwi'n sipio fy anorac at fy ngên a'i chychwyn hi am y fainc, fy llaw o flaen fy wyneb, fy nhrwyn i'n diferu cyn cyrraedd y tro, fy sgidiau'n cywasgu'r eira newydd ac yn crecian bob cam o'r daith. Dyna lle bydda i'n mynd pan mae gen i rywbeth ar fy meddwl. Yr un fainc bob tro. Byddai'n haws i mi eistedd mewn bàth neu sawna ar dywydd fel hyn, ond dydi'r rheini'n ddim iws. Nid y peth hawsaf ydi'r peth gorau. Does dim byd i *fod* yn hawdd, dwi'n deall hynny.

O'r fainc uchel mae gwaelod y dyffryn yn edrych yn dawel heb ddim ond yr afon, rhyw dafod llwynog o beth, yn sleifio hyd ei lawr. Dwi'n dychmygu sut deimlad fyddai cael fy nghipio ar gwthwm drwy'r cwm a'm dal ar rafft o goed, hyrddio mynd am sbel, wedyn rafu fesul cnoc a hergwd, cyffro'r dŵr garw fel gwefr miwsig.

Fi ydi'r un a raddiodd mewn celfyddyd gain a threulio blynyddoedd yn chwarae sielo mewn band ceiniog a dimai, yn difaru na fyddwn i wedi dewis chwarae picolo yn yr ysgol. Prynais anorac goch a thrawsnewid fy hun yn arbenigwr a thraethu mewn gwahanol gyfresi teledu. Dringo'n gynhyrchydd – *Y Cyntaf i'r Copa*, dyna un o'm hymdrechion. Ond doedd fy nghalon i ddim yn y gwaith yn ddiweddar, ac roedd camgymeriadau'n brigo i'r wyneb. Wrth edrych yn ôl ar ffilm a wnes o ddringwyr yn concro'r Zugspitze yn union ddull Josef Naus a'i ffrindiau, roedden nhw'n gwisgo anoracs glas ar y daith i fyny ac anoracs oren ar y copa. Amser symud ymlaen.

Pan gododd swydd yn dysgu hanes doedd gen i mo'r gobaith lleiaf o'i chael. Pan gododd swydd fel athro celf doedd gen i mo'r gobaith lleiaf o gael honno chwaith. Roeddwn i un darn papur yn brin. Beth am oriel gelf? Fyddai yno swydd i mi yng nghanol y lluniau? Tu ôl i ddesg yn rhywle yn trefnu arddangosfa? Rownd y cefn yn glanhau gweithiau'r hen feistri? Neu fyddai angen llond bag o bapurach cyn y cawn godi brwsh at y ffrâm, heb sôn am gyffwrdd â'r llun?

Dwi'n hoffi lluniau, ffotograffau, portreadau. Eangderau mawr lle gallwch chi dreulio amser hir yn cyfarfod â gwahanol bobol, ac yn dysgu rhywbeth newydd o hyd. I weithio mewn amgueddfa neu oriel byddai'n rhaid hepgor y moeth o ymddangos yn ddyn hamddenol-fyfyriol, a chanolbwyntio ar helcyd lluniau o un lle i'r llall, pacio, dadbacio, y gwrthwyneb yn hollol i fwynhau. Na, doedd hynny ddim i mi. Cyw gog a ballu.

Doeddwn i ddim wedi torri'r newydd i'm rhieni mod i wedi gadael byd teledu, er bod pawb yn y teulu wedi gwneud rhywbeth tebyg ar ryw bwynt yn ei yrfa. Fyddai cynnig rheswm fel 'Gormod o anoracs' ddim yn ei gwneud hi. Pan edrychais o nghwmpas ar y criw llawen oedd yn yfed llwyddiant y gyfres ddiweddaraf, roedd pawb ond un mewn coler a thei, ugain yn gwisgo sbectol wydrog na allech chi prin ei gweld, a phymtheg yn farfog. Doeddwn i ddim am fod yn un arall eto o'r rheini.

Tynnais fflasg o mhoced. Coffi wedi'i felysu â jam. Hen gysur i syrthio'n ôl arno pan fyddwn i'n teimlo'n ofidus ac yn methu gweld ffordd allan o'r goedwig. Anadlais yn ddwfn, fy ngwddw wedi cloi gan oerfel ac yn gwrthod gadael i'm cwynfan darfu ar y tawelwch.

Doedd dim amdani ond llanw llond berfa o ffurflenni cais a gobeithio'r gorau. Fe ddeuai popeth i drefn. Roedd fory ar ôl heb ei ddechrau. Breuddwydiwn am symud i Honolwlw i fyw ar goconyts a gwisgo dim ond blodau, ond wnâi hynny ddim lles i neb. Gwniadur bach o gysur a jam oedd ei angen, ac fe ddeuai'r byd yn ôl i drefn. Gallwn deimlo tro bach yn y gwynt.

ß

Dan y gawod y bydda i'n trefnu fy niwrnod. Heddiw mae gen i dipyn o brosiect ar y gweill. Pwy roddodd y siampŵ fanna? Am wyth o'r gloch heno, unwaith y bydd hi wedi gorffen ei shifft a chyrraedd ei fflat yn Degerloch, mi fydda i'n cyfweld Viktoria Johnson. Un fach od ydi hi. Mae'n gwestiwn sut y dewisodd ei gyrfa, os gwnaeth hi hynny o gwbwl. Weithiau mae gyrfa yn eich dewis chi. Dim ond chi sy'n gwneud y tro.

Dwi ddim yn nabod neb sydd â'r un gwaith â Viktoria. Efallai mai dyna wnaeth i mi ei hoffi. Hoffi? Syrthiais ben a chlustiau mewn cariad â hi y funud yr agorodd hi'r drws i'w stafell wely, y funud y gwelais yr holl boitsh ac anffurfioldeb, y wisg aur yn hongian ar ddrws y wardrob, y cyfuniad o hen jîns ac anoracs oedd yn llenni. Edrychais ar y llawr, llawr teils, rhag i'm llygaid gael eu dal yn stelcian yn ei *boudoir*. Gas gen i loriau teils.

Dda mod i'n gweithio'n llawrydd neu fyddwn i ddim wedi cael cyfle i ymuno â chriw Arte i greu rhaglen deledu ar gyfieithu straeon Grimm i Gwrdeg. Rhyfedd cymaint o fynd sydd ar y Gwrdeg ers i Abdulla Goran o Brifysgol Baghdad gael gwared ar y dylanwadau Arabaidd oedd arni. Aw! Chafodd o rioed siampŵ yn ei lygad, fentra i. Roedd angen rhywun fel fo. Rhywun i wau rhythmau caneuon gwerin Cwrdeg i'r iaith, ac i sgwennu barddoniaeth newydd sy'n gyforiog o ddiwylliant a llên gwerin ei bobol. Ond ei brofiad o gael ei arteithio sy'n fy nenu i, a sut mae ei stori'n datseinio i lawr y cenedlaethau i newid profiad bywyd ei ddisgynyddion. Pwy sydd wedi symud y tywelion allan o gyrraedd? Dyna ddaeth â fi i gwmni pobol Cwrdistan gyntaf, 'Berde-nûsêk', carreg fedd, cerdd lle mae'n condemnio 'lladd anrhydeddus' – mwrdro merched, mewn geiriau eraill. Tybed fydd diddordeb gan Viktoria Johnson mewn perfformio un o'i gerddi? A sut fath o enw ydi Johnson i ferch o Degerloch? A phwy sydd wedi troi'r peiriant golchi ymlaen eto fyth cyn cael y tywelion gwlyb?

Llusgodd y bore'n bnawn, a Mama yn brathu'i phen i mewn ac allan o'r cypyrddau fel neidr wenwynllyd. Am nad oedd gen i ddim byd gwell i'w wneud es i gynnig help llaw. Dylwn fod wedi gwybod yn well. Gwrthodai bob cyngor, tynnu popeth allan o'r cwpwrdd, a rhoi popeth yn ôl yn yr un lle.

'Dos i chwilio am rywbeth i'w wneud, wir,' meddai Mama. 'Ti'n gwneud y lle ma'n flêr.'

'Blêr yn well na pheryg. Mae na jar o blwms wedi'u stwytho mewn brandi yn fama ers 1978. Mae'r label wedi melynu a'r sgrifen yn bŵl, beryg bod y plwms yn barod i'n tagu ni. Well i ti'u taflu nhw ffordd gyntaf.'

'Gad nhw lle maen nhw. Dda nad oeddet ti o gwmpas adeg y rhyfel.'

'Doeddet titha ddim chwaith. Lle gest ti nhw p'un bynnag?'

'Hitia di befo. Anrheg bach i dy fam oedd rheina. O'n i'n meddwl bod angen rhoi gwasanaeth i'r car?'

Llusgodd y pnawn yn gyda'r nos. Yn syth ar ôl swper trois drwyn y car tua'r de a Viktoria Johnson. Agorodd drws croesawus y fflat i ystafell heulog a'i drysau dwbwl yn agor i'r balconi. Roedd y lle fel nyth pioden – darnau slic o'r oes fodern yn gymysg â broc môr o'r degawdau a fu, yn goch gan draul. Ac eto roedd yn fflat deniadol, yn llawn lliwiau cynnes, a chath chwilfrydig (o bren) yn edrych i lawr o ben y Smeg. *Jazz* modern yn chwarae'n dawel, a'r ferch Viktoria yn edrych fel bore truenus o Dachwedd.

'Mi osoda i'r offer ffilmio yn fama, os ca i.'

'Gwnewch eich hun yn gartrefol.'

Dilynodd fy llygaid hi at ddrws yn y gornel ac wrth iddi ei agor dyna pryd welais i heibio iddi at reiat o stafell wely lle daeth o hyd i het a siôl mewn gwahanol liwiau o goch ac oren. A'n helpo ni.

'Gawsoch chi drefn ar y camera?'

'Barod i redeg,' meddwn.

'Pan fydda i'n gwenu arnoch chi mae hynny'n golygu mod i'n sychu, felly symudwch i'r cwestiwn nesaf.'

Arwydd drwg. 'Siŵr o wneud. Ydych chi'n barod i ddechrau?'

'Barod.'

Aeth pethau'n well na'r disgwyl. Cyn i mi droi roeddwn yn pacio'r camera yn ôl yn y bag. Roedd popeth wedi'i ffilmio cyn i mi ddod yma mewn gwirionedd. Ar y funud olaf y clywais amdani, hi a'i pherfformiadau, ond roeddwn yn falch imi alw draw, yn groes i bob cyngor. Pan welais i hi'n dod o'i stafell wely a het wirion am ei phen roedd gen innau f'amheuon. Ond dyna ni. Byddai'n rhoi ychydig eiliadau o liw i'r set agoriadol.

'Oes amser am goffi?'

'Awn ni i lawr i'r sgwâr.'

I ffwrdd â ni drwy heulwen diwedd dydd i archebu coffi

ac eistedd yn y ffenest, ein dwylo bron â chyffwrdd wrth estyn am y baclafa.

Mi brynais i'r tŷ welson ni'r noson honno wrth inni gerdded yn ôl i'r fflat, lle bach dymunol ond bod angen llyfnu'r ardd, torri brwgaij, hel cerrig, gosod ein stamp ar y lle. Ein? Cynigiais bris y farchnad y diwrnod canlynol a pheintio'r drws yn goch, yn atgof tragwyddol am het.

ß

Ddois i'n ôl o'r Oktoberfest ymhen ychydig ddyddiau wedi glân ymlâdd ac wedi dal dos drom o'r ffliw. Fues i rioed yn teimlo mor sâl. Roedd Mama wedi dal yr un feirws, gwres uchel, gorweddian yn y gwely yn gweiddi caneuon o'r miwsicals fel tasan nhw ddim yn ddigon ofnadwy fel roeddan nhw, a gweiddi dipyn o Seneca, *Veritas Nunquam Perit*, bob yn ail. Mae Mama yn ffyrnig o ddeallus ac yn anhraethol glyfar.

Hi ydi seren y teulu. Cannwyll llygad Papa o'r munud cyntaf. Roedd hi'n lliwgar a lluniaidd, ac o'i chylch roedd sgwenwyr a pheintwyr a phawb yn troi fel gwyfynod o gwmpas ei channwyll. Wastad pobol o'i chwmpas hi, wastad rhywun am siarad â hi, wastad yn gyfeillgar, yn gymodlon. Pan fyddai Papa a finnau'n pledio achosion croes, byddai Mama yn troi i edrych arnon ni, gorchest o edrychiad, yn cyfleu mai dim ond dynion a dylion sy'n dadlau. Hi wastad fyddai â'r gair olaf.

Ac eto. Roedd hi wedi troi'n gelwyddog a hunanol a dichellgar heb i neb sylweddoli. Viktoria ddangosodd hynny i mi. Mae Viktoria yn un o'r bobol hael hynny sy'n gweld beiau ond yn gyndyn o weld bai. Fydd hi byth a'i llach ar neb. Mae'n ddirgelwch sut mae'n gallu ei rhoi ei hun yn sgidiau rhywun arall hefo cyn lleied o drafferth. Waeth pa mor ddiflas ydi neb, waeth faint o ben bach, o ben rwdan, mae hi'n dod o hyd i reswm pam y gwnaeth o fel y gwnaeth o, pam ei fod o'n gorfod bod yn wahanol. Mae pawb yn hoffi Viktoria. Mae'n un o'r rheini mae pobol yn agor eu calon iddyn nhw.

Rhyw nos Sadwrn gwta flwyddyn yn ôl aethon ni'n pedwar allan i swper. Pan fydd fy rhieni'n ymweld dwi'n aml yn ffonio'r bwyty yn y pnawn i archebu hanner hwyaden bob un ymlaen llaw, a rhoi cyfle i rywun roi tro ffresh yn eu gwddw ar fferm leol y pnawn hwnnw, eu gweini wedi'u rhostio mewn saim, a'u hebrwng i'r bwrdd hefo bresych coch a *Semmelknödel*. Fyddai Mama byth yn cyffwrdd twmplenni bara pan oedd hi'n ei phethau. Gormod o nytmeg a hwnnw'n codi pwys arni, ac roedd bron yn anfoesol i sychu'r plât hefo nhw. Roedd hi'n arfer edrych draw pan oedd Papa a finnau'n eu mwydo yn y grefi a'u codi'n sopenni diferol.

Pwy oedd yn stwytho'r bara yn y trwyth y nos Sadwrn honno?

ß

'Peidiwch â gofyn iddi ddod hefo ni, Maria, mae na lot o waith hefo hi ac mae isio edrych ar ei hôl hi bob munud. Fedrwn ni fynd ein hunain, dim ond chi a fi. Fydd hi'n iawn hefo Papa.' Syrthiodd fy nghais ar glustiau byddar.

'Mynd hebddi hi? Mae'n *tcimlo* run fath â ninna, tydi? Dowch, Frau Lessing.'

'Ond tydi hi'n gwneud dim math o sens hanner ei hamser, dim ond iddi hi'i hun.'

'Dach chi'n ffendio bod bywydau pobol yn gwneud sens, ydach chi?' Trodd Maria at Mama. 'Dowch, Frau Lessing, reit handi rŵan.'

Gwthiai Ingrid ei mop sych dros lawr y gegin.

'Lle mae'ch côt chi? Mae'r gwynt yn fain.'

Nid dim ond y gwynt oedd yn finiog. Taflodd Maria y mop i bellafion y cwpwrdd tŵls tŷ, a gwthiodd freichiau Mama i lewys ei chôt er y gallai hi fod wedi gwisgo'i chôt ei hun reit hawdd. Tynnodd Maria gap melyn ymhell dros ei chlustiau. Roedd hi ar fin mynd –

'Dim hwn, mae gen i het newydd yn y wardrob. Pwy glywodd am neb yn mynd i drefa yn gwisgo cap, hyd yn oed a bod ei big o'n loyw?'

'Pwy oedd eich capten llong *chi*, Frau Lessing?'

Tapiodd Mama ochr ei thrwyn â'i bys blaen a gwenu'n ystrywus; doedd hynny'n fusnes i neb ond hi.

Tyrchodd Maria drwy'r cwpwrdd dillad nes dod o hyd i focs hetiau yn torsythu ar y silff uchaf, allan o gyrraedd.

Cleciodd ei phengliniau wrth iddi fentro'i phwysau ar y gadair wellt ac fe'i gwobrwywyd.

Agorodd Mama ei bambocs fel petai'n agor anrheg. Pliciodd y papur sidan yn ei ôl fel petai'n codi blanced oddi ar fabi. Cododd y ffelt yn ei dwylo a rhoi o-bach iddo, dau o-bach i'r band felŵr, a murmur ochenaid fach drwy'r plu. Twtiodd ei gwallt, a chwerthin chwerthiniad ei hieuenctid.

'Dach chi'n nabod eich hetiau, Frau Lessing.'

'Rhodd.' Tapiodd ochr ei thrwyn a thaflu winc.

'Gan Papa ar dy ben blwydd yn drigian gest ti honna.'

Trodd Maria bâr o lygaid fel nodwyddau dur arnaf.

'Sut het liciech chi tasach chi'n dewis un eich hun, Frau Lessing?'

'Taswn i'n dewis het pnawn heddiw? Fyddwn i'n mynd i siop sydd â chloch yn tincial wrth i chi fynd i mewn, a hetiwr yn y cefn yn brwsio a phwytho.'

'A sut *het* liciech chi, Frau Lessing?'

'Dowch i mi gael gweld. Un oren, dwi'n meddwl, gan mod i'n un fach mor gron rŵan, yntê. Dwi wedi mynd yn belen. Ddaru chi sylwi?'

'Gormod o siocled a siwgwr, Mama.'

Teimlais ail ddos o nodwyddau.

'Ac mi ddylai merched sydd ag wyneb crwn a gruddiau fel stowci wisgo het oren i wneud iddyn nhw edrych yn llai.'

'Mm-mm-m.'

Gafaelodd Maria yn ei hysgwyddau a'i brasgamu'n benderfynol allan i'r cyntedd.

Naw ar hugain oed ydi Maria, un fach dywyll, siarp, wedi cael antur neu ddwy. Heddiw mae'n mynd â Mama i brynu coban, ac i yfed Sekt yn y Breuninger. Fydd hynny'n antur arall ond ar ei phen hi y bo, ei syniad hi oedd hyn. Dim ond sioffro fydda i. A thalu, wrth gwrs.

Roedd dynes y siop gobanau yn union fel roeddwn i wedi'i dychmygu, dynes dalcen uchel yn gyboitsh o golur. Cyda'i dwylo siaradus yn tynnu a chymell a chyffroi'r sidan doedd dim angen iddi yngan mwy na siffrydion wrth inni fyseddu a rhwsian. O dan y ffenest heulog roedd coban i bawb. Gallem weld y goban goch yn gorwedd ar y gwely mahogani, coban o sidan llithrig, a thamaid o wlân cashmir yna'n rhywle hefyd.

Doedd Maria ddim wedi'i hargyhoeddi.

'Beth am byjamas?'

'Der Pyjama?'

'Rhywbeth fedrwch chi'i wisgo drwy'r dydd. Dowch! Dowch!'

Roedd Mama yn dechrau crwydro at y menig.

'Frau Lessing! Dowch i weld sut mae hwn yn ffitio.' Rhoddodd Maria jiw-jiwb llechwraidd yn ei llaw ac i ffwrdd â'r ddwy tu ôl i ddirgelwch y drysau melfed a'r milltiroedd o ddrychau a'r miliynau o fylbiau mân yn llawn fitamin D rhag i neb gael pwl o'r felan.

'Lluniau o galonnau bach *llwydion* ar wlanen gotwm?'

'*Goleulwyd*, Herr Lessing.'

'O.' Dwi wedi dysgu dweud 'O' mewn ugain ffordd wahanol, un fersiwn neu'i gilydd at bob achlysur posib, a dim un yn dweud fy meddwl yn rhy blaen.

Nid dros nos yn unig mae gwisgo pyjamas, meddai'r Frau Cobanau. Dim yntôl. Oeddwn i ddim yn sylweddoli bod uwchraddio mawr a sylweddol wedi digwydd? Gwych i bobol sy'n licio lownjian yn ystod y dydd. Ymlacio. Gwych i bobol fel – gwnaeth sŵn diplomatig yn ei gwddw. Dim byd i darfu ar neb, dim hyd yn oed botwm, Herr Lessing.

Roedd Maria wedi'i gweld hi.

'Mae'r crys yn un hir, a dydio ddim yn cerdded i fyny eich cefn chi ganol nos. Does dim byd gwaeth na chwffio hefo llond dau ddwrn o byjamas a chitha'n hanner cysgu dan y *duvet*, nagoes, Herr Lessing. Lastig yn y trowsus, ac mae'n barod i'r golch petai rhywbeth anffodus yn digwydd. Sut ddaethoch chi'n eich blaen, Frau Lessing?'

'Fedra i wneud dim â fo.'

'Der Pyjama?'

'Les fain ar hyd ei ymylon o i gyd – top a gwaelod.'

'Ond, Frau Lessing – '

'Pigo fel chwain.'

'Chi ŵyr orau, wrth gwrs. Beth am Desmond & Dempsey? Dyna i chi byjamas – cysurus braf, moethus, yn diferu o steil, ac wedi'i ysbrydoli gan y pyjama clasurol – wyddoch chi, y steil fyddai Coco Chanel yn ei ddewis, o bosib, trowsus toriad llac gyda llinyn tynnu a gwasg lastig

ar gyfer ffit prydferth iawn,' murmurodd. 'Ac edrychwch
– motîff y llwynog! Mae'n sicr o'ch gosod chi ar wahân i'r
rhelyw.'

Fel tasa bagadau o bobol yn hel o amgylch ei gwely bob
nos.

Buan y synhwyrodd Frau Cobanau nad oedd y llwynogod
wedi brathu dychymyg Mama. 'Neu Liberty Llundain?
Sidan pur. Allech chi wisgo hwn drwy'r dydd. Dyma'r
math o byjamas y byddai Saeson cyfoethog yn ei wisgo ar
gyfer sleifio'n synhwyrus o gwmpas eu plastai. Print plu
peunod, yn syrthio'n foethus ar y croen, botymau o fân
berlau – fel Brenhines Lloegr ei hun.'

Lledodd gwên dros wyneb Mama. 'Lapiwch o ar
unwaith.'

'Hoffech chi'r pyjamas â monogram?'

'Monogram?' brathodd Maria.

'Wedi'i lythrennu.'

'Mae'n cofio'i henw, diolch.'

'Tri chan ewro.'

Pam na fedrai hi ddewis rhywbeth o gatalog Peter Hahn,
polisi dychwelyd 30-diwrnod, talu ar-lein? Neu hen bâr o
jogars a chrys-T fel sydd gen i?

Crwydrodd Ingrid oddi wrth y cownter ac at y wal.
Mwythodd ei gên ar y papur ffloc, ei swmp yn esmwyth a
chynnes fel wyneb hen gariad.

'Mama, be ti'n neud?'

'Ydi hwn yn farf go-iawn?'

'Mama, mae pobol yn edrych.'

'Dwi'n trio tynnu'r twffyn barf yma i weld ydio'n un iawn ond dwi'n methu cael gafael arno fo.'

'Awn ni i brynu cwyr,' meddai'r llygaid nodwyddau, 'i ni gael twtio dipyn ar y blewiach yna.' Trodd ataf i. 'Dan ni'n rhy barod i gymryd yn chwith ar gownt mân bethau.' Mae'r tymer proffesiynol yn fregus heddiw. Ond mi ddylwn i ddiolch ei bod hi a Mama cystal llawiau er bod preifatrwydd eu perthynas yn fy ngwneud yn anniddig.

Wedi cael cefn Frau Cobanau roedd y ffordd yn rhydd i fynd i'r Breuninger erbyn tri. Dyna hoff awr Mama i yfed siampên, yr awr hudol. Digon llwm oedd y lle er gwaethaf ei grandrwydd: dim enaid, dim egni, dim sŵn. Roedd hynny ar fin altro.

Gallwn ei chlywed yn chwythu bygythion wrth iddi fy nilyn at y bwrdd crwn uchel, wedi'i hulio â lliain gwyn. Saethodd pâr o lygaid oeraidd i'm cyfeiriad, ond doedd waeth i Maria ag edliw mod i'n gofyn gormod o'r hen greadures, yn disgwyl iddi ddringo i ben stôl gron; fynnai Mama ddim eistedd yn unman arall ond ar yr union stôl lle bu'n sipian Krug pan oedd hi'n hogan ifanc. Os nad oedd yr un profiad ar gael iddi eto heddiw fyddai dim llawer o gariad rhyngom.

'Grüss Gott!'

'Frau Lessing! Herr Lessing!' Nodiodd y gweinydd ar Maria. Diolch mai Lukas oedd ar ddyletswydd.

'Krug Grande Cuvée, bitte?'

Y siampên gorau a chrocbris i'w dalu, ond bargen os câi Ingrid bleser ohono.

Cyrhaeddodd wedi'i lapio mewn lliain main, pob diferyn ohono'n costio papur ugain. Ta waeth; roedd gwylio seremoni agor y botel yn werth dwywaith hynny. Rhwygodd Lukas y ffoil o'i phen a dal i gadw'r cawell ar y corcyn hyd yn oed ar ôl iddo ddatgordeddu'r weiren, yna rhyddhaodd y cawell gan ddal i gadw un llaw dros y corc.

'Tendiwch! Mi ro i gwrt arnoch chi os chwythwch chi'r corcyn!'

'*Mama!*'

Daliodd Lukas ei afael yn y corcyn nerth enaid a chorff gan droi gwaelod y botel yn araf bach, fesul dipyn. Am nad oedd wedi popio'r corcyn, lluchiodd Ingrid y rhisglyn at y siandelîr a chwerthin fel brân.

Daeth y bag jiw-jiwbs o boced Maria fel bwled o wn.

'Ydi o'n gwybod sut i arllwys siampên, Ingrid? Gwyliwch o fel barcud.'

Rhoddodd Lukas ei fawd yn y twll du ar waelod y botel ac arllwys; dal y gwydr ar ongl ac arllwys yn araf ar hyd ei ochr, rhyw fodfedd dda, aros i'r ewyn dawelu, wedyn llanw'r gwydryn gwin at ei hanner.

'I'r dim!' Roedd Ingrid wrth ei bodd, a'r jiws jiw-jiwbs yn rhedeg dros ei gên. 'Dim ond lembo sy'n defnyddio ffliwt, dim ond lembo sy'n llanw'r gwydrynnau hyd yr ymylon, a dim ond lembo sy'n arllwys yn rhy gyflym nes bod y siampên yn neidio allan a phawb yn gorfod aros hydoedd am eu diod ac yn twtian a throi'u llygaid a phoeni am y carpedi.'

Aroglodd Ingrid y siampên. 'Daliwch eich trwyn drosto, Maria. Beth allwch chi ei arogli? Blodau? Llysiau?'

Doedd gan Maria mo'r syniad lleiaf.

'Dwi'n arogli mwyth bach a maldod, Frau Lessing.'

Mae'n ei roi o i lawr ar ei dalcen.

Trodd Ingrid y siampên o gwmpas ei thaflod fel petai'n golchi'i cheg yng nghadair y deintydd.

Roedd yr haul yn goch pan adawon ni'n tri stolion y Breuninger, blas siampên yn dal yn gryf ar ein tafod, ac Ingrid yn sychu'i gwefusau â chefn ei llaw fel petai'n sychu cwrw o fwstásh. Tyfai blodau yn ôl ein troed, yr holl ffordd adref.

'Gest ti ddiwrnod da, Mama?'

'Dwn i ddim pwy bia nhraed i, dwi wedi blino cymaint.'

'Fyddet ti'n mynd am drip bach eto tasat ti'n cael cyfle?'

'Fory nesa.'

ß

'Mama, dwi'n mynd i Affrica fory am fis.'

Ddaru hi ddim hyd yn oed droi i edrych arna i.

'Wyt ti'n gadael y car?'

'Mama, dwi'n mynd i Affrica fory am fis, i wneud rhaglen ddogfen ar y gorilas gwyllt sy'n y mynyddoedd yna, a'r giwad pobol sy'n dwyn eu tir nhw i dyllu am fwynau. Dwi'n gobeithio gei di haf da.'

'Gobeithio gei di haf da hefyd. Ti'n gadael y car?'

ß

Un noson hyfryd o haf es â'm rhieni am reid, hen ŵr a het ffelt am ei ben a siwmper gashmir am ei gefn, yn briod â hen wraig sy'n hŷn ac yn iau na'i hoed. Gallwn weld eu hwynebau yn y drych. Mama, hen wreigan a modrwyau ar ei bysedd yn magu ei bag, yn pendwmpian fel y gwnâi'n aml yn ddiweddar, a'i cheg yn hongian. Papa yn eiddgar effro, ac am weld popeth tra câi lonydd i syllu drwy'r ffenestri a rhyfeddu. Drysau ffrynt âi â bryd Mama, urddas y goedwig iddo fo. Ac wrth gwrs y Tesla. Roedd o wedi gwirioni. Reid allan o'r ddinas i gael cipolwg sydyn ar sut roedd pobol y wlad yn byw, ei bobol o, ei libart o.

Agorais y ffenest. Roedd chwiff o ddrewdod yn dod o'r cefn. Oes gen i'r dewrder i grybwyll hynny? Na, mae'n debyg nad oes. Gwell cadw'n dawel rhag ofn y bydd brwydr bwysicach i'w hennill yn nes ymlaen. A ph'un bynnag, mae gen i ddigon i boeni amdano heb fynd i chwilio am fwy o helynt.

'Mama'n cysgu mwy nag arfer yn ddiweddar.'

'Dyna sydd i'w ddisgwyl. Dan ni'n mynd yn hen.'

Papa druan. Am ei fod yn naturiol amyneddgar, a chanddo lefelau goddefgarwch uwch na'r rhan fwyaf, am nad oedd yn cwyno'i fyd, yn swnian am sylw ar hyd y bedlan, doedd neb yn sylweddoli y gallai wneud â dipyn o help, mwy na dipyn.

Yn y drych gallwn ei weld yn estyn am ei llaw a hithau'n canu grwndi'n ôl. Mama yn ei chlustdlysau *turquoise* a bag run lliw. Pa mor eironig ydi hynny? *Turquoise* – un o'r cerrig meistr ymysg y cerrig iacháu, carreg sy'n arbennig o gryf wrth annog pobol i fod yn fwy cariadus a chreadigol a gonest. Wnes i edrych hyn i fyny pan oeddwn i'n meddwl bod gobaith i Mama wella drwy gyfrwng crisialau a gemau, gan fod ganddi lond drôr ohonyn nhw. Sleeping Beauty Turquoise Mine yn Arizona oedd un o fwyngloddiau glasfaen pwysica'r byd, ond fydd hi'n gwneud dim lles i'n Rhiain Gwsg ni ar y sedd gefn. Mae'n rhy hwyr i hynny.

Deffrôdd Ingrid, yn biwis a digydweithrediad.

'Fy ffenest *i* ydi hon.'

Daliodd Gerhard i syllu drwyddi.

'Fy ffenest *i* ydi hon! Edrych drwy dy ffenest dy hun.'

'Mama!'

'*Fy ffenest i ydi hon! Paid ag edrych ffordd yma!*' Bu'n rhaid i Gerhard droi draw.

Tynnais i mewn i gilfan, ac Ingrid erbyn hynny yn ôl gyda'i breuddwydion.

'Papa?'

'Dydi dy fam ddim yn hi'i hun. Dim byd i boeni amdano.'

'Pa mor aml mae pethau fel hyn yn digwydd?'

'Rhwng cwsg ac effro oedd hi. Dwi wedi dysgu gadael i fanion felna fynd dros fy mhen i. Rhaid i ni gofio'i bod hi'n sâl.'

Faint o les ydi hynny – gadael i bethau fynd dros ei ben? Ydi'r hambygio dirgel yn cael maddeuant dim ond sibrwd 'Sâl ydi hi'? Faint o hambygio sy'n dderbyniol? Pa ganran o hapusrwydd/dioddefaint? 48/52? 30/70? 0/100? Diodda'n dawel nes ei fod o'n marw o boen?

Dadebrodd Ingrid am eiliad neu ddwy.

'Hei! Mae'r gân yma yn ein car ni hefyd!' ochneidiodd yn hapus i gesail Papa.

Trois drwyn y car am adref. Dach chi'n caledu i rai pethau ond ddim i bopeth.

Wrth inni groesi rhiniog y drws roedd Viktoria ar y ffôn, miwsig yn chwarae, coffi'n ffrwtian, strwdel ar ganol y bwrdd a jwg o saws fanila yn ei ymyl. Setlwyd mewn cadeiriau, llanwyd gwydrau, cwpanau a phowliau, a gwagiwyd drwg hwyliau o'r galon. Tra oedd hi'n bwyta roedd Mama wrth ei bodd. Aroglodd bob llwyaid a gwenu'n foddhaus. Teulu hapus, bodlon, sut oedd posib fod dim o'i le?

'Cymer fwy o fanila,' anogodd Mama.

'Na, dwi'n iawn, diolch.'

'Ond mae mwy yn y jwg! Bechod ei wastraffu.'

'Gorffennwch chi a Papa o rhyngoch, mae mhlât i'n llawn.'

'Mae dy dad yn rhy dew ac mae natur clefyd siwgwr arno fo. Cymer *di* o.'

Doedd hi ddim yn ymddangos bod ots gan Papa gael ei gam-drin a'i gamfarnu ond byddai'n ddigon i godi mwnci dyn gwannach. Mae Viktoria yn fy annog i gymryd llond llwy de o'r hufen. Dwi'n gwrthod. Mae ei llygaid yn apelio arnaf i dderbyn blaen llwy. Dwi'n rhy benstiff i ildio. Mae Mama fel plentyn wedi'i ddifetha a wna i ddim porthi'i blys hi am ganmoliaeth, 'O, dach chi'n ffeind, un dda am rannu, un fel hyn a fel arall.' Wna i mono fo. Mae ei llais hi'n codi'n gresiendo, *Cymer o!* Ac yna'n syrthio'n ddim.

Dydi pethau fel hyn ddim fel tasan nhw'n tarfu ar Papa. Pam nad ydio'n cwffio'n ôl, dangos y drws iddi? Mae'n gas gen i hi pan mae'n greulon.

Stydiodd Mama ei dwylo. Lledodd ei bysedd a throi ei modrwy briodas bob ffordd. 'Pwy faga blant?' Cychwynnodd am y drws dan sychu ei thrwyn yn ei ffedog.

ß

Sgubais friwsion oddi ar y lliain bwrdd gyda'r brwsh a'r badell newydd roedd Viktoria wedi'u prynu yn y farchnad ddoe. Roedd Mama wastad yn ffidlan hefo'r cnau castan oedd yn addurno'r bwrdd, neu'n symud y potiau pupur a halen i'r chwith neu'r dde; dyma gyfle iddi fynd dros ben llestri a sgubo'r cnau i'r badell hefo'r brwsh bach arian, eu sgeintio dros hanner y llawr, a chwerthin yn ddrygionus dros y tŷ. Ond dydi hi ddim yn ei hwyliau heddiw.

Fi sy'n ei gwarchod. Dwi'n dod â'r plât cacen i'r bwrdd.

'P'un hoffet ti, Mama, tarten blwms neu feráng?'

Edrychodd arnaf a'i llygaid yn wag.

'P'un hoffet ti, Mama, tarten blwms fel hon, neu feráng fel hon?'

Dechreuodd ffidlan hefo'i fforc bwdin. Es i ddiffodd y Beethoven ar y radio rhag ofn ei fod yn dwyn hanner ei sylw.

'Eisteddwn ni'n fama am funud i ni gael cyfle i feddwl a dewis.'

Doedd dim yn tycio.

'Mama, fedri di'n helpu fi i osod y bwrdd? Dim ond y ddau blât yma. Un i ti ac un i fi.'

Estynnodd ei llaw amdanynt, a'u ratlan i'w lle.

'Diolch. Gymrwn ni gacen bob un rŵan?'

Dwi'n edrych i fyw ei llygaid i drio'i chael i ddewis, ac mae hithau'n edrych i'm llygaid innau. Mae'n cyffroi, fel plentyn sydd newydd gofio rhywbeth pwysig. Mae'n amneidio arnaf i wyro'n nes ati iddi gael sibrwd cyfrinach yn fy nghlust.

'Dwi'n cofio mrawd,' giglodd fel plentyn, 'dwi'n cofio mrawd,' dechreuodd eto, 'yn dianc o'r tŷ ar ei foto-beic a finna'n reidio piliwn. Wnes i oglais Hans dan ei gesail a'r peth nesa... roedd ei waed o'n diferu ar fy llaw i. Hänsel. Yr Hebread. Anrheg gan Dduw. Fi laddodd o.'

O'r braidd dwi'n anadlu. Ac mae Ingrid fach yn chwerthin yn fy wyneb, wedi hurtio gan ofn, yn dal i edrych i'm llygaid.

'Goleuadau glas. Neb yn siarad, Hans ddim yn siarad, Mama ddim yn siarad, Papa ddim yn siarad. Neb yn siarad, dim ond siglo, siglo.'

Ac yna mae drosodd. Drosodd. Collais gyswllt â hi. Edrychodd o gwmpas y bwrdd. Estynnodd at y merángs. 'Dwi o fewn pythefnos i feistroli Ffrangeg. Pythefnos arall ac mi fydda i'n siarad yn rhugl.'

ß

Diwedd pnawn oedd hi, haul pinc egwan yn dal ei afael ar y dydd a'r gwynt yn chwyrnu'n y drws. Amser i gael pleser o glywed clindarddach llestri coffi'n dod at y bwrdd, o weld stêm byrlymus yn codi o'r bastai falau, pethau bach normal bywyd ar ôl diwrnod caled yn y clinig yn trafod yr atgofion sydd wedi mynd a'r cryndod sydd wedi dod, y gwegian a'r stagro. Cyn hir yr unig ffordd o wneud cyswllt fydd drwy gyffyrddiad ac efallai gerddoriaeth. I rywun oedd â miwsig ar fy meddwl byth a hefyd, roedd hynny'n gysur. Roedd angen i mi droi'r felan heibio, ond haws dweud na gwneud.

'Dwi'n poeni amdanat ti, Papa.'

'Does dim angen.'

'Ti'n gwaelu.'

'Wedi blino braidd yng ngwres y clinig, dyna i gyd.'

'Ti'n chwarae hefo tân.'

Gwenodd Papa wên flinedig. Roedd ei goffi'n oeri. Gwthiais y cwpan yn nes ato.

'Fedri di wneud dim mwy drosti.'

'Dwi'n ddigon hapus i drio am ddiwrnod bach arall.'

Gadawodd i mi ddal ei law.

'Ond sut fedri di fod yn *hapus* hefo Mama?'

'Dwi ddim yn dychmygu y bydda i'n arbennig o hapus. Ond mae pethau mwy na hapusrwydd, pethau fel bod yn fi fy hun, byw yn fy nghroen fy hun. Fyddwn i ddim yn medru byw taswn i'n codi yn y bore a gweld rhywun arall yn y drych.'

'Fyddi di'n dy fedd o'i blaen hi.'

'Tra mae dy fam yma, dwi'n bwriadu sticio hefo hi. Gwranda, ti'n ddyn da a dwi'n falch o hynny a dwi'n dy garu di'n fwy na fyddi di byth yn ei sylweddoli, ond mi fyddwn i'n dy garu di run fath hyd yn oed tasat ti'n llofrudd. Ti'n gweld bod yr un egwyddor yn wir am Ingrid hefyd?'

'Na, ddim mewn gwirionedd. Ti'n deud "tra mae dy fam yma", ond dydi hi ddim yma. Mae hi strydoedd i ffwrdd oddi wrth bawb. Dydi hi ddim yn meddwl fel pobol teulu ni, dydi hi ddim yn siarad fel neb yn ein teulu ni.'

'Dim Ingrid sy'n siarad – y feddyginiaeth sy'n siarad drosti.'

'Dyna ddeudodd hi ddoe, "O, mae'n rhaid mai'r tabledi sy'n gwneud i mi ddeud celwydd, mae'n rhaid fod y meddyg wedi rhoi cyffur-celwydd i mi." '

Roedd Papa yn gyndyn o ateb.

'Papa?'

Ochneidiodd.

'Dydi *popeth* ddim i'w ddeall drwy'r ymennydd. Mae dy fam yn un o'r bobol sydd i'w deall mewn ffordd anghyffredin am ei *bod* hi'n anghyffredin. Mae'n *fodolaeth* anghyffredin,' meddai dan godi'i ysgwyddau.

'Ddois i draw i gynnig help llaw, Papa, ond ti'n rhedeg i ffwrdd pan mae rhywun yn trio dy helpu di.'

'Dwi'n gwybod. Ond mae'n rhaid cynnig y math iawn o help, neu mae'n waeth na chael dim help o gwbwl; mae'n haws dygnu arni ar fy mhen fy hun.'

'Dwi'n siŵr fedrwn ni wneud rhywbeth.'

'Felix bach, mae'n rhy hwyr i dy fam a finnau rŵan.'

'Mae'n rhaid i ti osod terfynau, llinellau clir, a phaid â gadael i Mama dresmasu'r ochr draw iddyn nhw neu ti fydd yn dioddef.'

'Ti'n iawn.'

'Ond fyddi di ddim *yn* gosod trefn, dyna wyt ti'n ddeud?'

'Un peth ydi gosod trefn, peth arall ydi ei phlismona. Dwi'n cofio deud wrthi, fisoedd ar fisoedd yn ôl:

Ingrid, os wyt ti'n anghwrtais i'n gwesteion ni mi fasa'n well i ti a Maria fynd i aros mewn gwesty crand nes eu bod nhw wedi gadael. Rydan ni'n dau wastad wedi pwysleisio pwysigrwydd bod yn groesawus a chyfeillgar. Tân yn y stof goed a chroeso i bawb, dyna oedd ein breuddwyd ni'n dau. Ond rŵan, pan mae'n ffrindiau ni'n cyrraedd, y peth cynta mae dy fam yn ofyn iddyn nhw ydi pryd maen nhw'n bwriadu mynd adra. Os dwi'n deud, Ingrid, rhaid i ti a Maria fynd i aros mewn gwesty, y gwesty gorau, am noson neu ddwy tra'u bod nhw yma – mae'n gwrthod symud. Yr unig beth posib ydi osgoi'r sefyllfa a pheidio â gwahodd gwesteion o gwbwl.'

'Ond hi sy'n ennill wedyn!'

'Un ffordd neu'r llall, mae'n ennill bob tro os ti'n edrych ar y peth fel cystadleuaeth. Ond os ydan ni'n dau ar yr un ochr, mae gwell golwg ar bethau.'

'Ond dydach chi ddim *ar* yr un ochr! *Ti* ar ei hochr *hi*, ac mae hi ar ei hochr ei hun!' O'n i mhell o gael y maen i'r wal. 'Fyddi di'n unig ac yn ynysig cyn i ti droi.'

'Mater o arfer.'

'Pwy fyddai am wneud hynny?'

Syllodd Gerhard i'r pellter.

'Nid pawb sydd â'r dewis.'

ß

Hen sgyran dena ydi marwolaeth. Mae pawb yn aros amdani, a neb yn rhoi geiriau i hynny. Mae pawb yn cytuno bod angen i ni dynnu at ein gilydd, peidio ffraeo ynghylch sut i gael Mama i'r gwely a sut i'w chael ohono, ydi hi'n mynd i fwyta'n iach er mwyn ei chorff neu'n afiach er mwyn ei mwynhad, ydi hi'n mynd i wisgo'n dwt er mwyn ei hunan-barch neu mewn dillad rhy fawr er mwyn hwylustod, ydi hi'n mynd i gael cawod bob dydd er ein mwyn ni neu chwysu i'w hen ffrog i foddio'i ffansi ei hun, ydi hi'n mynd i fyw gartref gyda Papa neu... beth?

'Fyddwn i ddim yn hoffi bod yn dy sgidiau di,' meddai Viktoria.

'Dwi ddim yn rhy hoff o hynny fy hunan – maen nhw'n bâr anghyfforddus iawn.'

Roedd Viktoria yn fwy eangfrydig ei hosgo na fi, yn edrych dros y cloddiau'n amlach.

'Gyda gofal diwedd bywyd, a waeth i ti gyfaddef mai dyna ydi hyn, mae angen gwrando arni.'

Dyna mae dynion yn ei wneud yn wael iawn o'i gymharu â merched, gwrando.

'Mae ganddi swiriant i dalu am gartref preswyl, ond os ydi hi'n cwyno bod ei thraed yn llosgi bob tro mae Maria yn galw heibio, mae hynny'n ffordd o ddeud nad ydi hi am sefyll arnyn nhw, na fydd hi ddim yn cerdded o'i gwirfodd i gartref, a'i bod yn bwriadu aros yn union lle mae hi.'

Daeth Viktoria â salad i'r bwrdd a chodi tarten nionyn a chaws ar y platiau. Llwythodd datws ar ochr ei phlât.

'Does neb fel tasan nhw'n gwybod beth sy'n bod arni'n iawn,' meddai.

Codais lwyaid o *Kartoffelsalat* a gobeithio y cawn fwyta fy swper mewn llonydd, heb orfod meddwl am Mama bob munud awr o'r dydd a'r nos. Ond nid felly oedd pethau i fod. Pam oedd pob sgwrs wedi mynd yn sgwrs am Mama, Mama, Mama?

'Fy hun, dwi ddim wedi llyncu'r diagnosis yn llwyr,' meddai Viktoria.

'Beth ydi dy ddiagnosis di?'

'Does gen i run, ond dwi'n sicr ddim yn meddwl mai dim ond un peth sy'n bod arni. Mae'n gymysgedd cymhleth o wahanol bethau, hen bethau sy'n brigo i'r wyneb fel madarch, yn chwysu allan ohoni drwy'i chroen.'

Teimlwn braidd yn sâl.

'Hen anghenion, ti'n feddwl?'

'Rhywbeth felna. Dwi'n cofio'i chyfarfod hi am y tro cyntaf, yn sefyll hefo dy dad, y ddau yn llond y drws, fel pâr o glychau. Mae hi wastad wedi bod angen cael ei gweld a'i chlywed. Wastad wedi rhoi ei hun yn ffenest y siop. Ei hanghenion hi sy'n dod gyntaf. Mae sieflad o hunanoldeb yn gymysg â'i salwch, a rhyw ddrama fawr ynghylch pob dim.'

'Roedd hi'n cyhuddo Papa neithiwr o fod wedi ei riportio hi i'r Gestapo.' Codais i estyn rhagor o win a gorfod cythru am y swp napcynau oedd yn disgyn fel rhaeadr oddi ar y bwrdd.

'Wyt ti'n credu bod y fath beth i gael â phroblemau emosiynol sy'n gwreiddio'u hunain yng nghelloedd y corff?'

'O ble daeth hynna mwya sydyn?'

Edrychodd Viktoria i waelod ei gwydryn fel petai'n methu deall sut roedd o wedi gwagio mor gyflym. 'Ti'n gweld,' meddai, 'mae gan bob cell ei phrofiad ei hun o fywyd, ac mae'n cofio digwyddiadau, ac effaith pob digwyddiad ar ei bywyd.'

'Mae o dipyn bach allan yn fanna, ti ddim yn meddwl?'

'Bosib.'

'Sut fyddai hynny'n gweithio tasa rhywun yn cael trawsblaniad calon neu iau neu aren? Fyddai cof cell y person cyntaf yn cael ei gofio gan yr ail?'

Syllodd Viktoria i'r pellter a'i phen ar dro. 'Pam lai? Be wyddom ni am ein cyrff? Chydig iawn.'

'Ti'n deud petawn i'n cael calon ar ôl rhywun sydd wedi'i fwrdro y byddai celloedd y galon yn cofio'r profiad? Y byddwn i'n cael hunllefau? Y byddwn i'n cofio wyneb y llofrudd? Fyddwn i'n cofio manylion y llofruddiaeth yn ddigon da i ddyfarnu rhywun yn euog o'r drosedd?'

'Wel, dyna'r pen draw.'

Allwn i ddim goddef meddwl am y fath beth.

'Felly ti'n meddwl bod celloedd corff Mama yn cofio

hen drawma a bod hynny wedi troi'r drol? Bod ei meddwl hi wedi cael gwasgfa?'

'Mae'n bosib.'

Gosododd ei chyllell a'i fforc, ei dannedd i lawr, ar ymyl ei phlât.

'Pan oedd Mama yn byw gartref hi oedd yn cadw tŷ a doedd hi ddim yn hapus am hynny. Roedd hi'n pasio arholiadau heb golli chwys, yn ennill cystadlaethau heb wneud dim ymdrech.'

Llanwodd Viktoria ei gwydryn.

'Rhyw bnawn gaeafol oedd hi yn nechrau Tachwedd a Mama wedi cweryla hefo'r teulu am y nesaf peth i ddim. Doedd dim modd cael y gorau ar Mama. Mi fedrai hi ddadlau pawb i dwll cyn iddyn nhw braidd orffen siarad, a dydi pobol ddim yn hoffi hynny.'

'Felix.'

'Felly mi aeth hi allan. Cododd ei chôt ledr ddu a chau'r drws ar ei hôl. Mi aeth hi allan yn ei hyll i lwydolau diwedd pnawn o Dachwedd. '

'Fe-e-e-lix. Stori deuluol ydi hon.'

'Ac mi aeth ei brawd hi allan ar ei hôl. Roedden nhw'n dipyn o lawiau, hi a'i brawd bach. Dim mor fach â hynny, roedd newydd gael trwydded moto-beic ac yn meddwl ei hun yn rhywun. Rhedodd ar ôl ei chwaer a'i pherswadio i reidio piliwn er bod hynny'n anghyfreithlon. Dim ond rownd y pentref ac allan gae neu ddau i'r wlad, meddai, dim drwg yn hynny. Doedd

Mama ddim am ei siomi felly mi neidiodd tu ôl iddo, dim helmed na dim.'

'Felix. Ti'n siŵr dy fod di eisiau deud hyn? Does dim rhaid i ti.'

'Roedd y stori ar y newyddion. "Galwyd yr heddlu i Heslach, Stuttgart, ar ôl adroddiadau fod damwain rhwng beic modur a lorri am dri o'r gloch prynhawn heddiw." Fo oedd o. Ei feic o'n taro lorri lo. Dim sôn am Mama. Ti'n gweld, mae angen dyn cymorth cyntaf profiadol i helpu beicwyr ar ôl damwain. Dydi rhywun rhywun ddim yn gwybod sut i dynnu'r helmed. Yn ei dychryn roedd Mama wedi tynnu yn ei nerth, ac wedi difetha cyfle Hans i oroesi. Pan ddechreuodd gyrrwr y lorri ddod ato'i hun roedd Mama'n cuddio, yn sgrwtian gyda'r cloddiau. Y ddynes gwybod-popeth wedi rhedeg i ffwrdd.'

'A dyna'r rhwyg rhwng Ingrid a'i mam.'

'Tasat ti'n dringo cyn uched â'r eryr, a gosod dy nyth rhwng y sêr, fyddwn i'n dy rwygo di i lawr hefo nwylo fy hun, dyna ddeudodd hi. Mae mamau'n gallu bod yn greulon.'

'Y *Bundesadler*! Yr eryr du a'i grafangau'n goch. Gwaed ar ddwylo.'

ß

Mae fel sefyll ar ben mynydd ac edrych i lawr i'r dyffryn. Fe ddylai fod yn olygfa hardd, fe ddylwn i fedru gweld ymhell, ond mae'n drwch o niwl, yn fwrllwch llwyd a dim ond pennau duon y coed yn procio drwyddo, yn bigau duon.

Beth ddaw ohonon ni, deulu bach? Mae'r cof yn ein hangori mewn hanes, yn brawf ein bod yn bodoli. Pa un o'r rhai sy'n bodoli ydw i? Wel, yr un sy'n well ganddo fynd i bobman yn y car nag ar y trên am mod i'n *cofio* bod trenau'n gallu mynd hebddoch chi. Os ydi bywyd yn rhoi cyllell wrth wreiddyn y cof, yn rhoi stop ar alw pethau'n ôl i'r meddwl neu eu cadw yno, ydi hynny'n golygu y byddwn ni'n troi'n – beth?

Syrthiai'r eira'n dawel dros goed yr ardd. Cydiais yn llaw Viktoria a'i chymell hi a Mia i ddawnsio dan y cangau. Taswn i'n medru byddwn wedi pwytho'r eiliad ar awyr y nos yn ei holl harddwch, ond roedd y pinnau rhew ar ein gwar yn dweud ei bod yn bryd mochel.

Wrth i ni symud drwy'r strydoedd cyn belled â'r sgwâr gallem weld, drwy ffenestri croesawus y tai, un plentyn wedi ymgolli yn ei lyfr sticars, un arall o flaen y teledu yn llusgo'i fys o gwmpas pot iogwrt wrth ddisgwyl i *Heidi* ddechrau, un arall yn taro cardiau ar fwrdd isel, pawb yn nhraed ei sanau ac yn aros am y penwythnos. Brysiodd ambiwlans heibio, ei golau'n tarfu ar y nos a'r traffic nos Wener.

Llifai golau fflamgoch drwy gwareli ffenest liw y siop goffi ar y sgwâr i lifoleuo'r genhedlaeth nesaf yn chwarae ei gêm garu. Roedd y lle'n hymian o gyffro ifanc, a daeth i'm meddwl fy mod wedi cyrraedd diwedd pennod.

Y TEULU LESSING

DARLLENWYD Y CYFARWYDDIADAU ar gyfer ei hangladd, a gwelwi, y diwrnod hwnnw pan alwodd y cyfreithiwr. Yn ei llaw fwyaf urddasol roedd wedi rhestru sut oedd pethau i fod. Claddu am hanner dydd yn sain clychau'r eglwys. Tri oedd i ddod i'r angladd, Gerhard a Felix a Viktoria. Doedd neb i fentro canu. Dim ond ei chladdu'n dawel yn y fynwent leol a rhoi ithfaen du drosti pan ddôi'n amser. Dim te cynhebrwng: doedd hi ddim wedi tinpwl neb tra oedd hi'n fyw, doedd hi ddim yn bwriadu dechrau o'r ochr draw. Y tri i wario ar ginio, a sôn amdani wrth ei gilydd. Doedd neb i fynd dros funud a hanner.

Viktoria gododd gyntaf.

'Ohne Mama ist alles doof. Heb Mama mae'r byd i gyd yn wallgo. Mae na ryddhad ar ôl ei marwolaeth, oes, ond mae'n codi hurtrwydd hefyd, nad ydi hi yma'n cnoi cabaits, ac yn colli jin dros y cadeiriau. Roedd hi'n codi pwys arna i, y poeri, y chwythu cacen o rhwng ei dannedd, ac roeddwn ei hofn hi'n aml, yn gweiddi a chodi'i dwrn.

Ond pan ddaw'r saffrwn i flodeuo ym mis Chwefror mi fydda i'n cofio aroglau gerddi ym melyn ei gwallt. A phan ddaw'r mafon ddiwedd Mai mi fydda i'n cofio castiau haul y bore, a'i *dwy law* hi'n rhoi'r pennau coch yn ei basged cyn i'r dydd eu difetha.

Mi gofia i Ingrid.'

Ymhen hir a hwyr cododd Felix i dorri'r tawelwch.

'Roeddet ti'n gwbwl annirnad i mi, Mama. Annatrys. Ddaru ni'n iawn â ti? Dy garu di'n y ffordd roeddet ti angen cael dy garu? Dy drin di'n y ffordd roeddet ti angen cael dy drin? Pwy a ŵyr?

Cymaint o bobol gymwynasgar, a dim un yn gwybod beth i'w wneud. Cymaint o bobol wybodus, a dim un yn gwybod sut i ddod i ben â ti. Neb yn medru cynnig arweiniad. "Nid oes *arweinydd* iddi o'r holl feibion a esgorodd, ac nid oes a ymaflo yn ei llaw o'r holl feibion a fagodd".

Dim ond Papa afaelodd yn dy law.'

Cusanodd Felix flaen ei fys, a chyffwrdd â'i galon. Teimlai law Viktoria yn chwilio am ei law ef. Roedd yn bryd iddo ildio'i le i'w dad.

'Roeddwn i'n caru Ingrid hyd at fawd ei throed. Dwi'n colli bawd ei throed hi'n ofnadwy, yn y gwely pan dwi'n chwilio amdano fo hefo nhroed i a dydio ddim yna.

Roedd hi'n gwybod be dwi'n licio i frecwast, pa liw pyjamas dwi'n ei wisgo, beth sy'n gwneud i mi grio. Nid tristwch sy'n gwneud i mi grio. Mi fedra i ddygymod â phob math o dristwch, pob math o loes, ac mi fedra i hwylio drwyddo fo i gyd gan bwyll bach fesul cwthwm ac awel. Ac wedyn mae rhywun yn bod yn ffeind, ac mae nghalon i'n rhwygo. Dyna oedd Ingrid yn ei wybod, ac unwaith roedd hi wedi canfod gwendid doedd hi ddim ofn mynd yna a gwthio'i bys i'r clais. Roedd fy mywyd i erbyn y diwedd yn gaeth iddi, i'w gormes gan mwyaf, ond roedd o'n fywyd na fedrwn i wneud hebddo. Nid gelynion sy'n deud y pethau casaf, ond pobol sâl dan ni'n eu caru. So ist das Leben. Peth felly ydi bywyd.'

Ochneidiodd. Cododd y sielo'n araf i'w arffed. 'Does dim byd yn wylo fel sielo.'

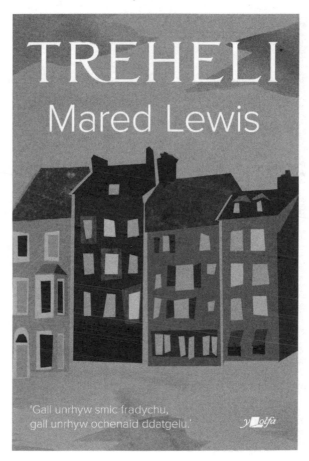

£8.99

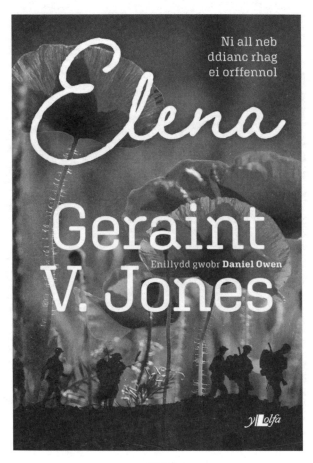

Ni all neb ddianc rhag ei orffennol

Elena

Geraint V. Jones

Enillydd gwobr **Daniel Owen**

y Lolfa

£9.99

Holwch am bris argraffu!
www.ylolfa.com